El sistema político de los atenienses

Anónimo
o «Viejo Oligarca»

El sistema político de los atenienses

Prólogo de José Luis Moreno Pestaña

Estudio introductorio y traducción de José Luis Bellón Aguilera

EFIALTES
2017

Colección Efialtes
La colección Efialtes –demócrata ateniense asesinado por los oligarcas– publica textos científicos capaces de atravesar las barreras académicas. Sus objetivos son popularizar problemas clásicos de la democracia, con especial atención a los que nos legó la democracia antigua: los dilemas entre sorteo y elección, cómo organizar la rendición de cuentas, cuándo y de qué manera promover la rotación. La colección publicará tanto autores clásicos como contemporáneos.

Consejo Editorial
José Luis Bellón Aguilera, Universidad de Brno
Francisco Manuel Carballo Rodríguez, Universidad de Cádiz
Jorge Costa Delgado, Investigador
Oliver Dowlen, Research Group on Democratic Procedures (PROCEDEM), Sciences Po
Juan José Gómez Gutiérrez, Investigador
Liliane López-Rabatel, Institut de recherche pour l'architecture antique – CNRS-Lyon 2
Francisco Javier Moreno Gálvez, CIESPAL
José Luis Moreno Pestaña, Universidad de Cádiz
Adriana Razquin Mangado, Universidad de Jaén
Yves Sintomer, Institut Universitaire de France
Arnault Skornicki, Institut des Sciences Sociales du Politique, Université Paris Ouest, Nanterre-La Défense
Francisco Vázquez García, Universidad de Cádiz

Obra editada con la colaboración del Ministerio de Economía y Competividad, Proyecto de I+D La Recepción de la Filosofía Grecorromana en la Filosofía y las Ciencias Humanas en Francia y en España desde 1980 a la Actualidad (FFI2014-53792-R)

Imagen de portada: kleroterion en el Museo del Ágora de Atenas
© del prólogo: José Luis Moreno Pestaña, 2017
© del estudio y la traducción: José Luis Bellón Aguilera, 2017
© de la colección Efialtes: Asociación Efialtes, 2017

Edita: Editorial Doble J
Avda. Cádiz 4, 1º C
41004 Sevilla, España
ISBN: 978-84-96875-85-2
www.editorialdoblej.com

A Zuzanka

Agradecimientos

Agradezco a Laura Sancho Rocher la lectura de todos los textos y las numerosas e inteligentes anotaciones e indicaciones sobre el manuscrito y el trabajo. A Diego Delgado, una pequeña lectura y una sugerencia. A Juan José Gómez, editor, por su enorme trabajo. A José Luis Moreno Pestaña, por abrir espacios de discusión e inspiración. A Francisco Manuel Carballo Rodríguez, la lectura del borrador y sus aportaciones. Al equipo del proyecto que dio lugar a este trabajo. A la labor de Arma Uirumque.

Índice

Prólogo
José Luis Moreno Pestaña i

I. Introducción y estudio
José Luis Bellón Aguilera. I
  1. Recomendaciones para la lectura I
  2. Sinopsis II
  3. La cuestión pseudojenofontea IV
    Un género de prosa en disputa. VI
    Las teorías de la carta y del diálogo. VIII
    Problemas de datación. IX
    El autor. XIV
      Critias. XIV
      Obra de un adolescente, quizás Jenofonte. XVI
      Alcibíades. XVIII
      Recapitulando. El legado de Tucídides. XXI
  4. Ideología, objetivos e inconsistencias de un
    oligarca inteligente. XXV
    La lógica torcida de la «sociología» oligárquica. XXVI
      Teoría del demos-tirano XXXII
      Argumentos dobles: justo - injusto, lógico - ilógico. .XXXIV
      Sorteo y participación política. XXXVI
      Un cumplido involuntario. XXXVII
  5. ¿Una democracia precaria? A modo de conclusión XXXVIII
    Epílogo. XL
  6. Nuestro texto y traducción. XLIII

II. Traducciones 1
    1. Traducción 3
    2. Traducción literal anotada 19
IV. Glosario 47
V. Mapa cronológico 61
VI. Bibliografía 65

En la investigación hay una etapa que de ninguna manera podría evitarse, pues constituye la condición necesaria y previa al vaivén entre lo antiguo y lo nuevo. Me refiero al momento en el que se trata de suspender las propias categorías para captar las de esos «otros» que, hipotéticamente, fueron los antiguos griegos. Momento, con toda seguridad, irremplazable y que contribuye a destruir la ilusión puramente cultural de la familiaridad. Pero, aunque necesaria, la condición no es suficiente y el trabajo no se termina con el distanciamiento.

Así que voy a abogar por una práctica controlada del anacronismo.

Nicole Loraux

Prólogo: el «Viejo Oligarca» y la socialización de los recursos políticos
José Luis Moreno Pestaña

Comprendemos mejor a Euclides de lo que lo hubiera podido Homero, aunque sus lenguas respectivas estuvieran próximas. El problema es otro: nosotros conocemos la institución de la teoría matemática y puede que Homero no. Las instituciones no se rigen por el tiempo de calendario. Cada una de ellas instaura una temporalidad propia. En muchísimos planos, Euclides es mucho más contemporáneo de Homero que de nosotros. En otros nos hace fácilmente compañía.

Esta importante observación sobre la naturaleza social del tiempo se debe a José Ortega y Gasset, cuya profundidad en estas cuestiones tiene difícil parangón.[1] Creo que es lo primero en lo que debe de pensar el lector de este texto. Mucho de lo que nos cuenta resulta extraño, casi incomprensible, ruina de un mundo donde existían esclavos y en los que la guerra marítima

---

1 Véase mi artículo «Ortega, el pasado y el presente de la escolástica universitaria» *Isegoría*, nº 52, 2015, pp. 67-89.

dirimía definitivamente las diferencias militares. Mas no en otra parte, sino acompañando a todo ello, encontramos pegados significados que viajan hasta nosotros y que podemos fácilmente comprender. No porque toquen aspectos intemporales de la naturaleza política del ser humano, sino porque participan de una experiencia histórica que sigue presente: el escándalo de los mejores por el poder político de la gente común, por sus capacidades y por su inteligencia. Porque el autor del documento –sea Critias, Alcibíades o Jenofonte. Y recuerdo: todos ellos del círculo de Sócrates– desprecia y se siente fascinado, casi a la vez, porque los que considera inferiores hagan lo que los señores siempre han dicho que no pueden hacer: gobernar con eficacia una ciudad. Y hacerlo practicando un régimen político escandaloso que otorga el poder a quienes no saben ejercerlo. No lo saben, o el inconsciente de clase le dice que no deberían saber: porque son chusma. El problema es que lo que debe ser no es: saben hacerlo y eso le obliga a describir y valorar reteniendo el asco. En ese sentido, el Viejo Oligarca –llamémosle así– tiene una enorme capacidad de registrar cuanto no le gusta y de comprenderlo. Por tanto, el documento constituye un ejemplo soberbio de capacidad de autodistanciamiento.

Cabe interrogarse acerca de qué es lo que permite que la chusma pueda considerarse humana, al menos en el plano político. Una razón: la chusma es capaz de disciplina y estrategia. ¿Por qué no callarla a golpes como hizo Odiseo, servil de los amos, con el osado Tersites –innoble y feo– cuando tomó la palabra en la asamblea de guerreros? Ante todo, podría argüir el autor, puede que no se dejen porque saben luchar. La democracia supone el acceso a la ciudadanía de los pobres. Mas estos antes han demostrado que son el seguro de la ciudad gracias a la flota. Esta fue la decisiva opción de Temístocles. Además de remodelar la fuerza militar de Atenas, transformó las relaciones de fuerza entre las clases. La flota no reclutaba como los ultraselectivos cuerpos de caballeros, ni siquiera exigía pagarse la armadura: bastan los brazos para remar. Cuando se produzcan las revueltas oligárquicas contra la democracia, siempre tendrán enfrente a la Marina. Ante tal desmentido al racismo de clase –los pobres saben defender a su patria–, el Viejo Oligarca se resigna a constatar que la flota hace temblar a las aristocracias extranjeras. Y también a aquellos que, con la muerte en el alma, y si no quieren pasar por enemigos de la patria, deben combatir subordinados a los remeros.

La segunda razón es más interesante: Atenas es una sociedad donde funcionan mercados, multicultural, donde no existen signos de distinción en los cuerpos. Cuando uno ve a los atenienses, los constata iguales. Y eso es terrible para todos los oligarcas de todas las épocas históricas: no hay manera más evidente de asentar la dominación que cuando esta nos habla directamente desde nuestros cuerpos. En el documento conocido como *Constitución de Esparta* (3,4) –atribuido a Jenofonte– se nos dice que los espartanos no necesitan vestidos. Los cuerpos se encuentran en tal forma física que por sí mismos nos hablan de quienes son los señores. La carne comunica directamente la dominación. En Atenas ni vemos la carne ni la ropa tiene la capacidad de simbolizar la jerarquía. Todo lo que el Oligarca querría ver, lo que necesita ver, no puede verlo. La realidad se lo impide.[2]

Ahora bien, no es solo que la gentuza sea eficaz y militarmente temible, no es solo que sean indistinguibles cuando se presentan en público: es que sabe gobernar. ¿Cómo lo consigue? Una

---

2 Remito sobre esta cuestión al capítulo I de mi libro *La cara oscura del capital erótico. Capitalización del cuerpo y trastornos alimentarios*, Madrid, Akal, 2016.

caracterización política puede ordenarse según tres dimensiones. Por un lado, aquella que responde a la pregunta; ¿cuánto debe saberse para gobernar y quién está en condiciones de acceder a tal conocimiento? Por otro lado, una segunda respuesta a la inquietud siguiente: ¿cómo conseguimos motivar a quienes deben participar en el gobierno? Evidentemente, la respuesta cambiará según se crea que deben ser muchos o pocos. En fin, tercer problema: cómo promovemos que la política premie una determinada cultura de lo común, un ethos, una forma de ser y de juzgar: y, por tanto, penalice a los que se desvían de ese patrón.

Sobre el primer punto, nuestro aristócrata es claro. Atenas distribuye sus magistraturas según un procedimiento doble. Cuando necesita individuos cualificados recurre a la elección pero para tareas comunes decide por medio del sorteo. Tanto los cualificados como los que no adquieren experiencia política. La chusma sabe que existe la división técnica del trabajo pero no acepta convertir a quienes detentan la especialización en monopolizadores de la vida política.

Pero la cuestión tiene más matices y el Viejo Oligarca se da cuenta. La práctica política no se divide entre quienes saben y quienes no. Porque la práctica política es un mecanismo enorme de distribución de saber. Si lo asignamos a una casta en régimen de monopolio, cada vez se instalará una concepción más excluyente de las capacidades políticas. Puede ser, por el contrario, que promovamos a la gente para que se encuentre en el centro del escrutinio público. Y entonces comienzan a lloverles los honores. Resulta endiabladamente divertido el pasaje en el que el panfleto reconoce al sorteo –a través de sus instituciones claves: los tribunales sorteados– la capacidad de redistribuir fama. El imperio ateniense obliga a las otras ciudades a resolver sus litigios en Atenas. ¡Y con eso los forasteros conocen a nuestra chusma en los tribunales! ¡Con lo hermoso que sería que tuvieran que conformarse con conocernos a nosotros, que somos los que podemos viajar! En términos de nuestra sociología política: la participación política acrecienta enormemente el capital social de los sujetos, el radio de sus contactos y, por supuesto, certifica la seguridad que tienen en sí mismos. La democracia por sorteo pone a tanta gente baja en el centro del proscenio político que no hay manera de distinguirse. Es verdad que se trata de una democracia imperialista y podría pensarse que se trata de una democracia depredadora. Sobre este punto el texto no es claro. A menudo puede parecer que es una democracia internacionalista. Cuando se entromete en las ciudades ajenas es para defender al pueblo y someter a los mejores.

Vayamos al segundo punto. Hay un momento en que nuestro escritor señala que puede que el vicio sea resultado de la pobreza o de la incultura. Nos recuerda a las dudas de Aristóteles sobre la esclavitud. Existen esclavos que parecen libres y libres que parecen esclavos, al menos si consideramos que la esclavitud se justifica por la incapacidad para deliberar. El régimen ateniense redistribuye económicamente salarios para la participación pública y así permite que los pobres se dediquen a brillar en la política. Lo dicho antes encuentra aquí sus condiciones económicas de posibilidad: habrá chusma que brille siempre y cuando las condiciones materiales lo permitan. Atenas, a través de la participación política, impulsa la redistribución de la riqueza. Algo que a nosotros hoy nos resulta extraño: pensamos en asistir socialmente sin exigir nada a cambio o en hacerlo para integrarse en el mercado de trabajo; nunca como recompensa de un servicio político. El sistema político de los atenienses socializó el saber político pero también el económico: a cambio del servicio a la ciudad.

Y termino con el tercer punto. Aristóteles lo apunta a menudo en su *Constitución de los atenienses*: el sorteo evita la corrupción. Es verdad que, lo señala el Viejo Oligarca, un régimen con tanta gente movilizada tiene enormes costos de transacción –los temas se amontonan en los jurados y no se resuelven con presteza– y las cosas son menos eficaces que cuando son pocos los que deciden. Mas también es verdad que se corrompe mejor a pocos que a muchos. La socialización de competencias políticas y económicas distribuye también algo más: la existencia de servidores públicos que se comportan con pudor. Aunque sean chusma.

En ese momento el lector tiene derecho a soltar una sonora carcajada: porque aquellos a los que llama chusma, el autor lo sabe, son quizá mejores que los mejores. Y eso se lo permite la democracia radical: socializando el saber político, la riqueza y la vigilancia colectiva de los comportamientos públicos.

Queda al lector decidir si existe alguna enseñanza que conecte tal experiencia con nuestro presente. Creemos que sí y de ahí esta edición.

Introducción y estudio
José Luis Bellón Aguilera

Recomendaciones para la lectura

El texto griego transmitido –unas tres mil quinientas palabras– corresponde a una conferencia de unos cuarenta minutos, sea o no en forma dialogada. Hemos elaborado un texto de dos traducciones. La primera, más «literaria» y sin notas, se puede leer de un tirón. La segunda traducción es literal, menos garbosa –como el original– y se acompaña de un corpus de notas y comentarios. La introducción general pretende ser útil a los especialistas e informativa para los que no lo son. Hemos intentado no agotar la paciencia del lector con largas exposiciones sobre la «cuestión pseudojenofontea» del opúsculo (autoría, fecha, objetivos), pero sin simplificar demasiado. El lector, en base a los argumentos presentados, podrá decidir lo que le parezca. Al final del texto se incluyen un glosario y un mapa cronológico que pueden resultar de utilidad.

Sinopsis

El sistema político de los atenienses se inicia con la siguiente afirmación categórica, en primera persona, de un individuo que no dice su nombre: «No me gusta la democracia de los atenienses porque han elegido que gobierne la chusma y no los mejores, pero parece que ellos preservan bien su sistema, aunque a los demás griegos les parece que se equivocan; todo esto lo voy a demostrar». El resto del texto es un ataque brutal a la democracia ateniense, pero desconcertante: el sistema funciona y no funciona, es justo y es injusto. Y es que casi todo en esta obrita es engañoso (en expresión de Marr-Rhodes) y aun confuso: ni es una constitución, ni es de Jenofonte, ni sabemos la fecha de composición o lo que pretende. Lo único claro es que el texto destila una mezcla de amor y odio por la democracia ateniense, probablemente más lo segundo que lo primero, como si el autor intentara explicarse lo que ve como una anomalía, cómo puede funcionar bien un mal gobierno (Velásquez 22).

La obra podría resumirse así: la democracia no es para nada buena porque en ella gobierna la gentuza, pero en y para Atenas tiene sentido, y allí está bien protegida contra posibles ataques, vengan de dentro o del exterior. Los atenienses usan a la elite cuando necesitan de sus competencias técnicas, pero los comunes, las personas del pueblo, asumen cargos y magistraturas oficiales y toman decisiones importantes en su propio interés, siendo unos ignorantes sin educación. La cosmopolita Atenas permite a esclavos y metecos (extranjeros residentes) una gran libertad porque los necesita económicamente. En casa, los atenienses controlan a la elite mediante exacciones financieras legalmente obligatorias. A los aliados los exprimen mediante el Tributo de la Liga délica y, habiendo establecido que los asuntos judiciales se litiguen en Atenas, mediante las costas legales y los gastos que estas generan, como transporte, alojamiento y demás. Los aliados son esclavos de la chusma ateniense, además, porque Atenas controla las rutas marítimas. Los atenienses son una potencia militar de primer orden no por su ejército de tierra, sino por su armada, una flota de marineros bien entrenados, capaz de golpear donde menos se la espera o de asolar el territorio de otros, mientras los atenienses viven seguros en su ciudad. La masa del pueblo apoya a los de su clase y culpa a la elite de conspirar contra su Democracia, en Atenas y en las ciudades aliadas. Entiendo al populacho: protegen sus intereses; pero no me cabe en la cabeza que algunos, no siendo «pueblo», se pongan de su parte: son unos canallas. La democracia es ineficiente, es un sistema atascado por la cantidad de asuntos a resolver, y además el pueblo está continuamente celebrando festivales dramáticos o deportivos o banquetes religiosos. A ellos el sistema les funciona; además el gran número de jueces –elegidos por sorteo– previene la corrupción de los tribunales. Por todo lo dicho, no se pueden hacer cambios sustanciales a menos que se restrinja o subvierta el sistema y, tal y como están las cosas, apoyarse en los escasos individuos privados de derechos no servirá de mucho, porque son pocos, debido a que allí no se priva de derechos injustamente a casi nadie (texto adaptado, con sustanciales modificaciones, de Cartledge 140).

La cuestión pseudojenofontea

Entre las obras del historiador y polígrafo ateniense Jenofonte (aprox. 430-354 a. n. e.) se conserva un opúsculo titulado, tradicionalmente, *Athênaiôn politeía*. Se le supone el primer ejemplo de prosa ática. La obra se encuentra en los códices medievales que transmiten la obra del escritor ateniense, siendo cuatro los principales manuscritos, de los siglos XIV y XV: dos en la Biblioteca Apostólica de la Ciudad del Vaticano (Vaticanus 1950 y 1335, llamados A y B por los editores), uno en la Biblioteca Estense de Módena (Mutinensis 145, el C) y otro en la Biblioteca Nacional de San Marcos en Venecia (Marcianus 511, nombrado «M»).

Se trata de un texto escueto –unas 3.200 palabras– con forma aparente de discusión política sobre la democracia ateniense clásica, probablemente la del imperio marítimo. Los códices que lo transmiten dan cincuenta y tres secciones repartidas en tres capítulos (20-20-13). Dos de los manuscritos (el A y el M) contienen la información: «De Jenofonte el orador *Athênaiôn politeía*»; el códice B no tiene título. Está claro que éste parece sacado de la primera frase de la obra (*Peri dè tês Athênaiôn politeías*, «Sobre la *politeia* de los atenienses»), y que la estructura pertenece en parte a los copistas y a los editores modernos. Está escrita en griego ático en una prosa de un estilo «tentadoramente inepto» (Bowersock), por lo que se supuso que no podía ser de Jenofonte, aunque se hubiera transmitido como pegada a otra obra que sí se considera suya, la *Constitución de los lacedemonios* (o espartanos). La negación se apoyaba además en el tardío dictamen de un historiador de la filosofía del siglo III de nuestra era, Diógenes Laercio: «Demetrio de Magnesia» –un gramático y biógrafo contemporáneo de Cicerón, es decir, trescientos años antes–«dice que esta obra no es de Jenofonte».[1] Si tan claro estaba que el opúsculo no era de Jenofonte, cabe preguntarse por qué los filólogos alejandrinos lo dejaron entre sus obras, sobre todo si se tiene en cuenta la vecindad temporal.

La filología moderna lleva discutiendo la *Athênaiôn politeía* casi doscientos años. A pesar de ello, llama la atención la falta de acuerdo en casi todo. Poco se ha avanzado desde los trabajos del siglo XIX, los mejores en su mayoría de la *Altertumswissenschaft* o «ciencia de la antigüedad» alemana, los Roscher, Böckh, Kirchhoff, Sauppe, Wachsmuth y otros, así como Belot, Cobet, en Francia. Todos ellos fueron recogidos en el enorme comentario del austríaco Ernst Kalinka (1913), y a su vez en la edición con comentario de 1942 del filólogo clásico y político socialdemócrata danés Hartvig Frisch (1893-1950), hasta llegar a los trabajos de Gerardo Ramírez Vidal (2005) y J. L. Marr y P. J. Rhodes (2008), de amplias introducciones y comentarios (unas 215 y 150 páginas, respectivamente).[2] Todos aportan una actualiza-

---

[1] Si se lee con atención la cita del pasaje en cuestión (Diógenes Laercio, II, 57), se abren más interpretaciones. Tras dar la lista de obras y al llegar a la última, escribe: «...*Constitución de los atenienses y de los espartanos*. Esta última dice que no es de Jenofonte Demetrio de Magnesia» (trad. C. G. Gual, Alianza, 2007, p. 115). Primero, no se citan dos obras, sino una obra de dos «constituciones» (aunque puede ser que por eso se explique el famoso conector coordinante «de» (= «y») que inicia la *Ath. Politeía*, si bien puede tratarse de un «y» que da comienzo a muchas obras en plan *in medias res*), y puede aludir a una obra perdida. Segundo, la *politeía* que está en segundo lugar («esta última dice Demetrio...») no es la de los atenienses. Sea como sea, el pasaje se leyó como referido al opúsculo, tal vez para confirmar sospechas estilísticas.

[2] He consultado también a Leduc (1976) y usado otros textos. El comentario de Frisch se recoge y discute en los estudios y ediciones consultadas. Prácticamente todos los trabajos parten del canónico de Kalinka (1913); igual sucede con V. J. Gray (ed.) (2007), *Xenophon on Government* (Cambridge), J. M. Moore (1983) o Robin Osborne (Lactor, 2004).

ción de materiales, pero no realmente un avance decisivo. A no ser que se produzca un descubrimiento importante, como un manuscrito o un papiro, la evidencia material disponible no permite zanjar con seguridad las cuestiones de autor o la fecha. Sin embargo, en algunos puntos, como se verá, hay algo de acuerdo.

Un género de prosa en disputa

¿Qué es, por tanto, la *Athênaiôn politeía* de Pseudo-Jenofonte? Se ha propuesto de todo: que es un tratado (del tipo «*politeía*» o «constitución»), una conferencia, un discurso, una carta, un panfleto, un diálogo, una *epideixis* –o pieza retórica de exhibición, o ejercicio– ...es decir, casi todos los géneros en prosa de la época. La mayor parte de las teorías, si no todas, son del siglo XIX, y los autores posteriores las apoyan con argumentaciones más o menos convincentes, pero sin pruebas definitivas. Lo que parece claro es que no es una *politeía* del tipo de la *Constitución de Atenas*, redactada en el Liceo, la escuela de Aristóteles, por su falta de sistema, porque no tiene una historia de las instituciones políticas atenienses, no se dan nombres propios, ni se explica el funcionamiento, por ejemplo, de los tribunales o del sorteo de magistraturas y cargos políticos.[3] La de Pseudo-Jenofonte tiene el aspecto de un virulento «panfleto» de propaganda anti-democrática, rico en datos e ideas sobre la democracia de los remeros, cierto, pero lleno de generalizaciones, exageraciones

---

3 La *Athênaiôn Politeia* (de Aristóteles o de un discípulo suyo) escrita alrededor de 330 o 322 a. n. e., es una obra descubierta en 1879 en un papiro de Oxirrinco (Egipto), y publicada en 1880. Pertenece al proyecto de investigación de constituciones griegas iniciado por Aristóteles y su escuela (158 constituciones, según Diógenes Laercio), y es la única conservada.

y falsedades (Gomme 44). No es el «primer texto conocido de la filosofía política occidental» (Levystone 6), sino un tipo de texto de los muchos que circulaban en Atenas sobre la democracia, un texto crítico, de los «disidentes» (Ober 1998), con intenciones pragmáticas (Canfora 2014, 1991; Flores 1982, Cartledge 2009, entre muchos). Proclamar que inaugura una tradición de crítica política parecería excesivo, dado lo poco que conservamos de la literatura ateniense y que, de lo que queda, no es el único ejemplar de crítica antidemocrática. Es cierto, a pesar de ello, que el núcleo de su invectiva, la escisión entre los «expertos» y la «masa» sin cualificaciones, reverbera a través de los siglos, por razones que se explicarán en esta introducción.

Se ha dicho que son las notas de una conferencia pública para un «club» oligárquico o *hetería*, quizás en un contexto simposíaco (banquetes donde se discutía, dialogaba y bebía). Tal vez pudiera considerarse un borrador, un «*work-in-progress*», dado que no parece un texto con pretensiones artísticas. Notas o borrador, otros lo interpretan como un ejercicio escolar, ni siquiera como un «tratado», e incluso se le supone del mismo Jenofonte, como parte de la educación de un tierno adolescente de ideas «ultras» (oligárquicas).[4] Sea o no torpe, el texto quiere ser inteligente, debatir una paradoja (*ton êttô lógon kreíttô poiôn* haciendo más fuerte el argumento más débil), puede que como un juego (*paígnion*) sofístico: para H. Frisch, de hecho, el texto sería una forma primitiva de los *dissoi logoi*, los «razonamientos dobles» o «argumentos en contraste» relativistas influenciados

---

[4] «No es un discurso o panfleto diseñado para tener algún tipo de efecto práctico en el mundo real, público, de la política ateniense. [...] Es demasiado teórico y generalizador. Se lee mucho mejor como una redacción académica, una conferencia, un ejercicio de clase en una escuela de oradores» (Marr-Rhodes 2008: 15; nuestra traducción). Más abajo volveremos sobre esto.

por el sofista Protágoras. Ello explicaría el vaivén argumental raro del inicio que alguno llegó a pensar obra de un demócrata camuflado, o un diálogo entre un oligarca y un demócrata (Wachsmuth, Cobet). Ramírez Vidal (2005) ha insistido en la dimensión retórica de la pieza, en su carácter oral y en su fuerza persuasiva.

Como se ve, el opúsculo ha sido sobrestimado o subestimado. En cualquier caso, aunque a primera vista parece un texto simplón, la tensión intelectual desplegada obliga a pensar tanto en la fuente de esas ideas como en los potenciales receptores.

Las teorías de la carta y del diálogo

En el texto transmitido, en todos los manuscritos, hay varios tuteos: p. ej. «lo que tú consideras no gobernarse bien, con eso...» (I, 8); o «En Esparta mi esclavo te tiene miedo», a lo que se parece contestar «Si tu esclavo me teme...» (I, 11-12); y varias frases similares a réplicas: «pero alguien podría argumentar que...», «uno diría que». A no ser que se considere un discurso que responde a otro o un discurso con interlocutores imaginarios, puede suponerse que es un diálogo o una carta. Así lo creyó Helbig, y Belot en 1880 imaginó una correspondencia entre Jenofonte y el rey espartano Agesilao, sobre el cual escribiría el ateniense una biografía (Kalinka 1913: 43). Lesky pensó en una carta del 413 de Alcibíades a un éforo espartano, como Sauppe (1866), en la idea de que el general Alcibíades, que en ese momento cambiaba de bando en la guerra del Peloponeso para evitar un juicio por impiedad, explicaba cómo dar un golpe de Estado en Atenas (Kalinka 43; pero citando a Belot, que lo entendía como una sugerencia de Jenofonte a Agesilao). Hoy en día se ha descartado.

En Atenas el diálogo –*agôn* o competición entre argumentos– formaba parte del debate intelectual y era parte integrante de las tragedias y comedias: los diálogos socráticos son un ejemplo. En el opúsculo, un «yo» parece dialogar con o responder a uno o varios interlocutores imaginarios de posición anti-democrática, a cuyas críticas reacciona como si fueran ingenuas o estuvieran fuera de lugar. Basándose en estos tuteos y réplicas, el historiador italiano Luciano Canfora ha insistido en que se trata de un diálogo, y así lo traduce.[5] La hipótesis la había formulado C. G. Cobet en 1858 (véase Marr-Rhodes 2 y Ramírez XVII-XX). El problema para considerarlo un diálogo es que la apariencia de tal es débil: no se usa, p. ej., la técnica (también socrática) del *elenchos* o interrogatorio, sino que un interlocutor salta con alguna objeción algo boba y es rebatido con facilidad.

Problemas de datación

La obra se ha situado entre el 443 ó 432/1 (Bowersock, Frisch, Romilly, G. de Ste. Croix, Osborne) y el 424. Algunos la hacen muy anterior, como Bowersock (443); Frisch la sitúa justo antes de la guerra en el 432, Gomme alrededor del 415, como Ramírez, y otros en torno al 411 o el 405. El reputado comentarista de Tucídides, S. Hornblower, la ubica después del 400. Como puede constatarse, no se ponen de acuerdo. Se ha dicho antes que se la considera un ejercicio escolar, y algunos llegan a hacerla de época muy posterior.[6]

---

5 Canfora 1979, 1991, 2014 (y Bonanno en 1982, Forrest en 1975). Marr-Rhodes citan a Canfora en p. 31, pero no debaten.
6 En nota a III, 3, *dióti* (en vez de *hoti*), comenta Galiano (16) que «choca, en un autor tan antiguo».

El modo de proceder en este punto es simple: agarrarse a cuatro evidencias textuales y tratar de establecer una fecha después de la cual haya podido escribirse –*terminus post quem*– y su contrario, el *terminus ante quem*. Para establecerla se usan las alusiones del texto que contradigan o afirmen los acontecimientos históricos que conocemos tanto a través de fuentes escritas, como de las arqueológicas (inscripciones, monumentos, técnicas, etc.). Por tanto, si el texto plantea (II, 5) que no es posible que un ejército cruce Grecia a pie, la larga marcha del general espartano Brásidas hacia el norte en 424 establecería un límite «antes del cual». Esto fue hipótesis de, entre otros, Roscher, en el XIX. Las varias alusiones de los éxitos militares de la flota ateniense, los desembarcos-sorpresa, se han relacionado con las operaciones de Pilos y Esfacteria del 425 durante la guerra del Peloponeso (431-404), episodio narrado por Tucídides (*Historias*, IV). Otros hechos históricos aludidos al final (III, 11) son menos discernibles por falta de claridad en la lengua, pero también han servido para establecer un límite *post quem*: una alusión a una guerra y enfrentamiento civil en Beocia alrededor del 446; una revuelta en Mileto entre el 450 y el 440, y una alusión (esta más clara) a la participación ateniense en la rebelión de hilotas y *periecos* en 462/1 en Mesenia.[7] Si se acepta que la obra no es una falsificación o ejercicio de época posterior, se puede fechar entre el 446 y

---

7 Para «sociedad espartana», véase glosario «Lacedemonia». Cuando el general ateniense Cimón participó en la tercera guerra mesenia (Esparta contra hilotas y mesenios) con un contingente de ayuda de 4.000 hoplitas a los espartanos, su ausencia (y probablemente la de muchos simpatizantes oligárquicos aquejados de filolaconismo –enamorados de Esparta) facilitó la reforma de Efialtes, que consistió en limitar las prerrogativas jurídicas del Areópago (núcleo aristocrático), atribuidas en lo sucesivo a la *boulé* de los Quinientos y el tribunal del Helieo. Hay que decir que el filoespartano Cimón tuvo que volverse puesto que los atenienses fueron acusados de apoyar a los rebeldes (véase Plutarco, *Cimón*), toda una humillación para su jefe.

el 424 y, en general, entre el 431-424, durante la llamada «guerra arquidámica» con más seguridad que después.[8] Bowersock es de los pocos que creen que es obra contemporánea de los hechos descritos en III, 11.

Es posible, y sobre esto hay más consenso, que Atenas esté en guerra (así, cap. II y varias alusiones, p. ej., III, 2). Aunque pueda replicarse que en el mundo antiguo la guerra era endémica[9], en este caso no se trata de cualquier conflicto, sino de *la* guerra del Peloponeso, el equivalente a una «guerra mundial» de la Grecia antigua, historiada por Tucídides y Jenofonte. Durante la larga y sangrienta deflagración los atenienses optaron por seguir la política aconsejada por Pericles de una estrategia defensiva frente a las invasiones terrestres espartanas. Esta consistía en no luchar en campo abierto con fuerzas de infantería pesada superiores y quedarse en la ciudad protegidos tras las potentes murallas, incluso trasladando propiedades a Eubea. Desde las murallas de la ciudad y desde los Muros Largos podían observar la devastación del territorio del Ática por el ejército enemigo. Fue el tema de la comedia de Aristófanes *Acarnienses*, ganadora del primer premio en el concurso del 425, en la que –entre otras peripecias– un campesino hace una tregua privada con los espartanos. Sin embargo, después del inicio de las hostilidades y la brutal escalada militar, no sería posible vivir sin miedo: una terrible epidemia (probablemente de tifus) provocada seguramente por las condiciones higiénicas resultantes de la acumulación de población en el segundo año de la guerra, quizás procedente de los barcos, diezmó la población llevándose por delante un núme-

---

8 En III, 4 se mencionan 400 trierarcos, y Atenas sólo llegó a los 400 trirremes en 431.
9 «La guerra es el padre y el rey de todas las cosas; a unos los muestra como dioses y a otros como hombres, a unos los hace esclavos y a otros libres» (Heráclito de Éfeso, fr. 53; Kirk-Raven-Schofield, Gredos, 1987, 282).

ro importante de marineros experimentados, soldados, a varios miles de ciudadanos y no ciudadanos y al mismo Pericles y a sus dos hijos mayores, nacidos de su primera mujer ateniense.[10] El relato de Tucídides al final del libro II (y la lúgubre recreación del poeta romano Lucrecio, unos 350 años después), todo lo médico-hipocrático que se quiera, es lo suficientemente dantesco como para hacerse una idea del desastre moral y humano. Por ello sorprende que no se aluda en la obra a esta devastadora plaga y Gomme (51), aunque no convence, intuye algo: ni siquiera un cínico como el anónimo –escribe– habría quedado indiferente a una calamidad de tales proporciones y no podría haber representado a un *dêmos* inafectado psicológicamente por ella –o a la ciudad, o a él mismo. Por ello, en consecuencia –concluye– el texto no fue escrito antes; sin embargo –matiza– podría haber sido escrito tras el 421 o 418 (fecha de Leduc), cuando Atenas había recuperado su confianza anterior al 430 y todas las lecciones de la guerra pudieran haber caído para entonces en olvido. No le falta razón. ¿Es posible que un enemigo de la democracia como el Viejo Oligarca no mencionara esta catástrofe para Atenas, algo que podía leerse como un castigo de los dioses por su *hybris*?[11] Por otro lado, puesto que el desastre absoluto fue la derrota en la expedición a Sicilia (415-413), la cual no se menciona, tal vez pueda pensarse que la obra está escrita o antes del 430, o antes del 415. La Atenas de la obra es la del imperio marítimo, la Talaso-

---

10 Por eso suplicó la naturalización de Pericles el Joven, el hijo de Aspasia de Mileto (el cual fue condenado a muerte en el 406 tras la batalla de las Arginusas).
11 Considérense los elementos artísticos o trágicos del asunto, según Cornford (1907) presentes en la narrativa de Tucídides: Atenas sufre por su *hybris*, como volverá a sufrir en la expedición a Sicilia. El tema parece eco del libro I de la *Ilíada*, «Peste, cólera». En relación con el tema religioso, y sin subestimar ni sobrestimar el racionalismo sofístico, recuérdese II, 6: «las enfermedades de los granos, que proceden de Zeus».

cracia, no la de una metrópolis que ha sufrido una plaga, ha perdido una guerra y miles de ciudadanos. Como mucho, si se acepta una datación después de la epidemia, se tratará de la época tras la derrota –y posterior debate– de Mitilene (428-427), período optimista por los éxitos del 425 y el verano del 424, cuando los atenienses se creían capaces de todo y lleva razón Gomme en que nadie se acordaba de lo peor, según describe Tucídides en IV, 65 (Marr-Rhodes 6). Canfora (1991: 9) propuso el 429-424, y distinguía entre la fecha dramática (424) y la fecha de elaboración (Ramírez 7, Levystone 11). Ernst Kalinka (1913), en su gran comentario, ya había planteado la fecha del 425/4.

Ramírez (2005) ha considerado la posibilidad del ambiente de conjuras oligárquicas alrededor de la expedición y desastre de Sicilia (415-414) como marco de referencia.[12] Se trata de un contexto de crisis de la democracia ateniense que habría comenzado en el 415 con el caso de los Hermocópidas y que tocaría a su fin con la sustitución del régimen oligárquico moderado de los Cuatrocientos por los Cinco Mil a finales de 411. Durante la época en torno de los Cuatrocientos, escribe Ramírez (LXXII), se escribieron textos que pueden formar parte de una estrategia propagandística contra la democracia y sus líderes, como las «Invectivas contra Alcibíades» de Antifonte, y una carta, «A sus camaradas» –de los que quedan fragmentos–, así como el discurso ficticio de Andócides, «Contra Alcibíades». El texto del Viejo Oligarca, que terminó entre los papeles de Jenofonte, formaría parte de todo esto.

---

12 En el 415, en vísperas de la partida de la flota ateniense para la expedición a Sicilia, tuvo lugar una mutilación de varias esculturas sagradas, los *hermai* o representaciones del dios Hermes. Fue un escándalo al que se anudaron acusaciones de conjura, disturbios de opositores a la campaña, etc., y que acabó con la detención de sospechosos y la huida del general al mando de la flota, Alcibíades, acusado de participar en el sacrilegio.

El autor

A finales del siglo XIX, el helenista británico Gilbert Murray colgó a nuestro autor anónimo un apodo que caló bien en el campo anglosajón y en algunos helenistas no insulares: lo llamó «Viejo Oligarca» (Old Oligarch). Pero, ¿por qué «viejo» y no «joven»? La desafortunada expresión, sin embargo, puede leerse en el sentido de «oligarca acérrimo» o de «oligarca de toda la vida» (Marr-Rhodes 1).

La herramienta biográfica posee un valor limitado, piensa Ober (1998), si bien (y quizás por razones ideológicas) queremos darle rostro al autor, aunque estemos de acuerdo en que «Sacar al azar un nombre de la *Prosopographia Attica* y hacerlo pasar por autor, no nos lo hace más inteligible» (Gomme 69; nuestra traducción). Los candidatos han sido muchos e ilustres, lo que da una idea de la importancia que se da a este opúsculo (Guntiñas 285): Tucídides el historiador, Tucídides el de Melesias (el adversario de Pericles), el mismo Pericles, Cleón, Alcibíades, Terámenes, Critias, Antifonte, Frínico.

1 Critias

Critias nació alrededor del 460 y era tío de Perictione, la madre de Platón (véase Diógenes Laercio III, 1); estuvo asociado a Sócrates y puede que fuera discípulo suyo, aunque les separaban 10 años. Aparece en algunos diálogos de Platón (*Protágoras*, *Cármides*).[13] Escribió tragedias, prosa, elegías y sus escritos se perdieron, quedando algunos en los papeles de otros: así, se le atribuye un fragmento de Eurípides, el *Sísifo*. Critias era un

---
13 Cármides era tío de Platón.

enemigo mortal de la democracia, formó parte del búnker de los Treinta Tiranos y murió combatiendo contra las fuerzas democráticas lideradas por Trasíbulo en la batalla del Pireo en el 403, en la colina de Muniquia.

Luciano Canfora ha insistido en su hipótesis de Critias en diversos escritos desde los ochenta.[14] La atribución es anterior, de Boeckh en 1850, Müller, Drerup (véase Kalinka 1913: 18), o G. Norwood (en 1929).

La hipótesis se basa en una glosa del gramático, retórico y lexicógrafo alejandrino del siglo II Julio Pólux en que parece hacerse referencia al pasaje III, 6 (Kalinka 18).[15] Canfora sugiere otro pasaje de II, 19, como el frg. 63 (53 B).[16] Otra evidencia, según Canfora (2014: 17-18, n. 24), procede del testimonio de Filóstrato, *Vida de los sofistas* (I, 16), donde se dice que Critias, hablando del ordenamiento ateniense, «lo atacaba ferozmente fingiendo defenderlo». Por el mismo Filóstrato sabemos que Critias estuvo en Tesalia exiliado entre 408 y 404, lo que puede ser reflejado en el *autothi* del texto – «allí [en Atenas]».[17] Critias escribió «constituciones», quizás de los tesalios y de los lacedemonios (o espartanos), existiendo una noticia de una *politeia* de los atenienses (88B30 DK).

Esta teoría presupone que Pólux tuvo acceso a las obras de Critias, porque, ¿dónde encontró ese texto, entre una colección

---

14 «Una crítica nada banal de la democracia», cap. IV de *El mundo de Atenas* (2014 [Roma, 2011], 138-157) y «"Demokratía" como violencia» (2014: 158-162), reelaboraciones de trabajos anteriores (cf. Canfora 1991).
15 El frg. VIII, 25: *ho d' autos [Kritias efē] kai diadikazein*, etc. (VS 71 B62). Diels-Kranz, *Fragmentos de los presocráticos*, II, 1959, 390, 398-9.
16 Véase la nota al pasaje de II, 19, en nuestra traducción literal.
17 «Jenofonte, en *Helénicas* (II, 3-36) da noticia de la conducta de Critias en Tesalia, incitando a subversiones y revueltas», en Filóstrato, *Vidas de los sofistas*, trad. de M. Concepción Giner, Gredos, 1999 [1982], n. 100, p. 95.

de obras del sofista o entre las de Jenofonte? De nuevo, como escribíamos arriba (cf. Marr-Rhodes 12) ¿por qué los bibliotecarios alejandrinos del siglo III a. n. e. –400 o 500 años antes de Pólux– colocaron esa obra entre las de Jenofonte?

2 Obra de un adolescente, quizás Jenofonte

Marr y Rhodes (2008: 6-12) apuestan por hacer tabla rasa y volver a la tradición antigua. Para ellos, el autor sería el mismo Jenofonte, y el texto un ejercicio escolar.

Para los académicos británicos, el autor es «casi seguro» un hombre joven, quizás muy joven (pp. 2 y 15; secc. 4), y no porque sea el primer ejemplo (conservado) de prosa ática. El estilo es desmañado y resulta curioso en este sentido que se atribuya a un sofista y escritor de tragedias como Critias, supuestamente un oligarca inteligente. Se pueden disculpar bastantes inconsistencias de contenido porque está dirigida a un círculo oligárquico, pero las continuas repeticiones de palabras y temas, las transiciones abruptas, vocabulario limitado, pasajes oscuros, generalizaciones, exageraciones y la desorganización hacen que pueda parecer la obra de alguien que está aprendiendo. Además, hay paralelos con la *Constitución de los lacedemonios*, que sí se considera de Jenofonte y la precede en el *corpus* de sus obras, a saber: (1) de desorganización estructural (similar en ambas) y (2) de estilo: (a) autorreferencias, (b) generalizado «tú» o «uno», (c) frases programáticas y resúmenes y (d) el interlocutor (-es) imaginado (-s) (Marr-Rhodes 9).

¿Por qué no se ha querido de Jenofonte, se preguntan J. L. Marr y P. J. Rhodes? Por razones ideológicas, estilísticas y por la noticia en Diógenes Laercio. Jenofonte es un ejemplo de claridad de estilo, algo de lo que nuestra falsa *politeia* carece, se «anuncie» o no esa prosa ática jenofontea.[18] Ideológicamente, sin embargo, que no se quiera de Jenofonte no cuadra, puesto que el filolaconismo del historiador ateniense es claro. El radicalismo del texto es (si se sigue la caracterización de los jóvenes en Aristóteles, *Retórica*, cap. II, 12 y ss.) el propio de una persona joven y airada, a no ser que lo pensemos como el Oligarca de los *Caracteres* de Teofrasto, que no tiene edad. Políticamente es dogmático, aunque, como veremos, ello no significa que no haya sofisticación intelectual.

Ahora bien: en caso de que se le restituya la autoría a Jenofonte, el problema se vuelve cronológico. Tradicionalmente se considera que Jenofonte nace en 430, o 432-1, de modo que tendría unos seis o siete años si fechamos el texto en 424. Como los números no salen, Marr-Rhodes despliegan entonces una serie de argumentos que sitúan el nacimiento del historiador alrededor del 438-440, haciendo así posible que un adolescente precoz y alumno aventajado –de unos 12 o 14 años– compusiera la pieza. Luego sugieren (p. 16) que podría ser un alumno del sofista Antifonte (implicado en el *coup* oligárquico del 411).

Hay un problema: por las alusiones a la guerra, por el parecido de su léxico a pasajes de Tucídides, p. ej. al discurso de Cleón en el debate de Mitilene (III, 37, 3) en I, 9 o el de Alcibíades (VI, 89) en I, 5; por las observaciones sobre la educación, las fiestas, el atascamiento del sistema judicial, el funcionamiento de instituciones, la burla de la asamblea (III, 17), la construcción de barcos (puede que fuera incluso trierarco), debe tratarse de alguien más

---

18 Fernández-Galiano (quizás sin darse cuenta) habla de «retórica balbuciente» (p. xvi), Levystone (p. 45) de «pensée politique balbutiante»; a Gomme le parece un juego sofístico *clumsy*, torpe y a Kalinka un *paignion*, una pieza ligera.

maduro que ha oído y participado en los debates, las conversaciones de la calle, el ágora y el puerto, alguien que posee un grado de complicidad oligárquica pero que admira los triunfos de Atenas. Alguien como Alcibíades.

3 *Alcibíades*

Relata Tucídides, «y era así», que Alcibíades, según el oligarca Frínico, «no deseaba la oligarquía más de lo que deseaba la democracia, y que su único propósito era, de un modo u otro, cambiar el orden establecido en la ciudad, para volver a la llamada de su facción» (VIII, 48, 4). Las obras de Romilly (1994) y Rhodes (2011) revelan las múltiples facetas, luminosas u oscuras, de este personaje inquietante de dotes tan excepcionales como su falta de escrúpulos, representación individual trágica de la *hybris* colectiva del drama ateniense, según lee Cornford a Tucídides.

Helbig propuso la autoría de Alcibíades en 1861 (Sauppe 1866: 179; Kalinka 1913: 18, 43). El personaje posee rasgos pertinentes para nuestra pequeña indagación: vivió entre el 450 y el 404, perteneció a la élite económica y política ateniense, tuvo una buena educación, se movió en círculos oligárquicos antidemocráticos (aparece en diálogos de Jenofonte y Platón, recuérdese su aparición estelar en el *Banquete*), pero siempre intentó auparse política y económicamente sobre el poder del *dêmos*. Su vida oscila entre los extremos del triunfo y la brillantez militar, entre el ideal agónico nobiliario y la miseria política y moral del traidor a la patria con aspiraciones de astuto trepa cargado de deudas. Se le ha considerado el prototipo del demagogo, en el mal sentido (moderno) de la palabra y, para Rhodes (2011, loc. 2149-51), fue leal a Atenas cuando esa lealtad podía combinarse con éxito para su persona, aunque hubiera preferido tener éxito en Atenas antes que en ninguna otra parte. Estuvo implicado en la instauración de los Cuatrocientos y en su colapso (Rhodes, loc. 2138-39), lo que le llevó a hacerse cargo de la flota; fue exiliado por los Treinta y murió asesinado en Asia Menor por orden del general espartano Lisandro, quizás a petición de Critias, en 404-403.

En principio, pensábamos plantear la autoría de Alcibíades como un ejercicio de creación literaria, más que como una realidad, para ejemplificar el derroche de energía empleado en estas cuestiones. Pero quizás no sea solo una idea al viento. *El sistema político de los atenienses* puede ser el borrador o notas de una conferencia o discurso que habría pronunciado en una *hetería* ateniense en algún momento de su carrera, pero también en la misma Esparta, en este caso no necesariamente (pero probablemente) entre el 415 y el 413, cuando el joven general ateniense huyó a Lacedemonia para escapar de la justicia. Allí vendió a su *polis* aconsejando una estrategia —la toma de Decelea— que asestaría un golpe muy duro a los atenienses: es más o menos la hipótesis de Helbig. Los lazos entre Alcibíades y Esparta son conocidos: era *próxeno* (encargado de las relaciones entre diferentes ciudades) de Esparta, en buenas relaciones con un tal Endio, que sería éforo en 413, además de tener una relación de amistad con el rey Agis y —según las malas lenguas— otra enorme relación de amistad con su esposa. Su mismo nombre es de origen espartano.

Hay un pasaje del opúsculo, el I, 5 («...y en toda la faz de la tierra lo mejor es opuesto a la democracia»), que recuerda el discurso de Alcibíades (escrito por Tucídides en VI, 89), cuando había huido a Esparta. Vale la pena leer una parte:

Nosotros siempre nos hemos opuesto a los tiranos —todo lo que se opone al despotismo se denomina democracia [*dêmos*]– y en función de ello se ha mantenido nuestro liderazgo de la multitud. Además, como la ciudad se regía por un sistema democrático [*dêmokratoumenês*], era forzoso en la mayor parte de los casos adaptarse a las condiciones existentes. Con todo, dado el <u>desenfreno</u> [*akolasías*] existente, procuramos ser más moderados en lo referente a los asuntos públicos [*ta politikà*]; pero tanto antaño como ahora hubo quienes indujeron a <u>la masa</u> [*ochlon*] a adoptar <u>actitudes más canallescas</u> [*ponêrotera*]: esos fueron precisamente los que me expulsaron.

<u>Estuvimos al frente de la totalidad del grupo democrático por estimar justo un sistema de gobierno con el que la ciudad alcanzaba su mayor fuerza y libertad, y que contribuía a conservar</u> [*syndiasózein*][19] lo que se había heredado. Pero lo que es la democracia [*dêmokratían*], eso lo sabemos bien la gente sensata [*hoi fronoûntes*], y yo no lo sé menos que nadie por cuanto tengo los mayores motivos para denigrarla. La verdad es que no se podría decir nada nuevo de <u>su insensatez generalmente reconocida</u> [*peri homologouménês anoías*] y, a pesar de eso, no nos parecía seguro cambiar en un momento en que vosotros, nuestros enemigos, estabais a las puertas de la ciudad.[20]

Gran parte del vocabulario recuerda el texto del Viejo Oligarca, incluso la argumentación («por estimar justo un sistema de

---

19 Cf. I,1: *diasôzontai*, y III, 1, *diasôzesthai*.
20 Trad. de F. Romero Cruz (Cátedra, 1988, pp. 558-559); los subrayados y términos griegos son nuestros.

gobierno con el que la ciudad alcanzaba su mayor fuerza y libertad, y que contribuía a conservar lo que se había heredado»). Son las elites domesticadas que viven de y bajo la democracia.[21]

4 Recapitulando. El legado de Tucídides

El objetivo de esta introducción no es resolver una cuestión como la autoría de la *Ath. Pol.* de Pseudo-Jenofonte. Intentaré, sin embargo, ofrecer una versión razonable del asunto para concluir este apartado.

La virulencia del panfleto no va dirigida únicamente a la «chusma ignorante», sino también contra los que se ponen de su parte, contra aquellos que sin ser por naturaleza del *dêmos* se alían con él para «delinquir» [*adikeîn*] (II, 20). ¿No podría ser Critias despellejando a Alcibíades? Posiblemente. Pero pudiera ser también un enemigo de Pericles –más abajo trataremos esta cuestión. Sea como sea, de los tres autores aquí propuestos, la hipótesis de Critias es la única con evidencia fiable. La de Alcibíades es especulativa y la de un jovencísimo Jenofonte se basa en una comparación con la organización estructural de la *politeía* de los lacedemonios –que sí se atribuye a Jenofonte, y –menos convincentemente– en la poca sofisticación teórica y empírica de la otra, carencia intelectual que, por cierto, no ven otros estudiosos (Flores, Canfora, Ober, etc.); además, si la obra fuera tan mala, ¿por qué emplear tanta energía en desentrañar sus enigmas?

Como se dijo al inicio de esta sección, se propusieron otros nombres, entre ellos los de Tucídides el historiador, Tucídides el de Melesias, Pericles, Cleón, Terámenes, Antifonte, Frínico. Ponerle un nombre al Viejo Oligarca resulta imposible;

---

21 Véase Azoulay (2014), así como J. Ober (1998) y E. Flores (1982).

sin embargo, hay algo que Alcibíades, Critias y Jenofonte, el adolescente y el adulto, comparten: todos fueron discípulos o amigos de Sócrates, de los círculos oligárquicos, con un lenguaje parecido, y una oposición abierta al gobierno del *dêmos* –preso para ellos de pasiones y de *amathía* (ignorancia, ineducación)– en menoscabo de personas como ellos –poseedores de *gnômê* o conocimiento.[22] Sabemos que el círculo de Sócrates lo frecuentaban no sólo personas desafectas a la democracia, sino también enemigos abiertos de ella como Critias y Cármides, miembros unos años después de la breve pero sangrienta dictadura de los Treinta Tiranos, un gobierno títere instalado por Esparta tras su victoria sobre Atenas en el 404. Se ha dicho que a Sócrates los atenienses no le perdonaron haber sido mentor o maestro de jóvenes tan subversivos, algunos filoespartanos, esto es, traidores (la única excepción atestiguada es Querefonte, exilado en 404 y regresado con Trasíbulo, líder de la revuelta democrática contra los Treinta, si es que Alcibíades puede considerarse un servidor de la democracia y no de sus propios intereses). El mismo Sócrates manifiesta continuamente sus reservas –u oposición abierta– contra la democracia, sobre todo contra el sistema de sorteo de magistraturas y cargos y contra la Asamblea (véase glosario).[23] Como discute en el *Critón* 47a (fechado 393-389), usando el mismo léxico y la misma oposición que el texto pseudojenofon-

---

22 Gomme, 1962: 68, estaría de acuerdo con el planteamiento, no de Alcibíades, sino del mismo círculo; y sugiere también Tuc. VI, 89, 3-6: «la democracia es una locura reconocida como tal».

23 Sobre la oposición de Sócrates a la democracia y el debate, la bibliografía es abundante. Consúltese, entre los títulos recientes (por no mencionar a I. F. Stone [1988] o Finley [1975, 1980]), a Brickhouse–Smith, *The Trial and Execution of Socrates: Sources and Controversies* (2002) y R. Waterfield, *Why Socrates Died: Dispelling the Myths* (2009; trad. ed. Gredos, 2011), M. Hansen, *The Trial of Sokrates – from the Athenian Point of View* (1995); también P. Ismard, *L'Événement Socrate* (2013).

teo: «¿No te parece que hay razón sobrada para decir que no se han de honrar todas las opiniones de los hombres, sino unas sí, otras no? ¿Ni las de todos, sino las de unos, mas no las de otros? ¿Qué dices? ¿No está bien dicho esto? [...] Buenas [*chrêstai*] son las de los hombres sensatos [*fronímôn*], malas [*ponêrai*] las de los necios [*afronôn*], ¿no es así?»).[24] Las escenas podrían multiplicarse. El opúsculo, igualmente, puede leerse como diálogo. El autor pudo provenir, por tanto, del círculo en torno a Sócrates. Pero también podía proceder de otros círculos intelectuales.

El léxico del Viejo Oligarca es el del campo intelectual ateniense y, probablemente, el específico de los partidarios de un gobierno oligárquico, fueran moderados o radicales. Gran parte de ese sistema ideológico de significantes lo encontramos en Platón, pero también, como habrá inferido el lector atento, en algunos sofistas como Antifonte, así como en el historiador Tucídides. La tradición –según relatan Canfora o Ramírez– cuenta que, entre los materiales de trabajo de Jenofonte, se encontraban los papeles y borradores que el historiador Tucídides dejó al morir, sin haber podido dar término a su *Historia de la guerra del Peloponeso*. Canfora (2014: 84) dice de Jenofonte que llegó a ser historiador «por casualidad», que tuvo la iniciativa de poner en circulación la obra de Tucídides, en vez de apropiársela, «como dice el antiguo biógrafo». Este es Diógenes Laercio, y el pasaje es el que ya comentamos más arriba (II, 57): «Se dice que hizo famosos los libros de Tucídides, que habían pasado inadvertidos, cuando habría podido apropiárselos él. Fue llamado la Musa Ática por la dulzura de su estilo. De ahí que mantuvieran una cierta rivalidad él y Platón, como diremos en el capítulo sobre Platón». Jenofonte rivalizó con Platón en presentarse como

---

24 Trad. María Rico Gómez, Centro de Estudios Constitucionales, 1994, pp. 7-8.

depositario de la herencia intelectual del maestro: su Sócrates es mucho más brusco y más antidemocrático si cabe que el del autor de *Politeía* («la República»). Asimismo, «la Musa Ática», a todas luces filoespartano, estuvo al servicio de la feroz tiranía de los Treinta como caballero, quizás como *hiparco* (o comandante). Por ello pudo contar entre sus materiales con un texto de Critias, acaso por azar o tal vez para preparar sus escritos de economía, los *Poroi* (o Ingresos), como sugiere E. Flores. Pero pudiera ser que nuestro opúsculo fuera el borrador de un discurso –o de un diálogo– preparado por Tucídides, o las notas de uno que hubiera escuchado, quizás de Alcibíades o del mismo Critias, o de Terámenes. Las semejanzas intertextuales y las ideas compartidas son demasiadas para pasarlas por alto, p. ej., la teoría del interés *–passim–* o la tesis de que lo semejante es favorable a lo semejante (III, 10). O a lo mejor fue alguien cercano como Antifonte, del que se dice haber sido tal vez maestro de Tucídides (el cual lo elogia vivamente en su historia, VIII, 68, 2).[25] Por otra parte, el porqué la obrita no fue incluida en las *Helénicas* de Jenofonte o corregida para pulirla pudo deberse, simplemente, a que se coló por casualidad en su *corpus*, que siendo un borrador de algo se traspapeló entre sus obras completas.

Alguien del entorno de Sócrates o de Tucídides. No es poco para comprender el opúsculo. En cierto sentido, la ideología no tiene una fecha definida, limitada sincrónicamente a unos pocos años, sino que recorre la vida de los individuos que la ponen a funcionar en dichos y escritos o en acciones. Si de lo que se trata es de desenmarañar la lógica interna del texto que tenemos, es posible que la energía empleada en poner nombre propio al anó-

---

25 Ramírez Vidal (2005), pese a su cautela, se refiere en numerosas ocasiones a Antifonte y a Tucídides como posibles autores.

nimo sea desmesurada. Al anónimo le pega el apodo que le dio, de manera informal, un helenista británico.

Ideología, objetivos e inconsistencias de un oligarca inteligente

A Gomme (59) le parece que hay una ingenuidad infantil de estilo que contrasta con el adulto cinismo de su pensamiento. Para Canfora y Flores, hay un programa político oligárquico claro, con «conciencia de clase», como si eso fuera un logro intelectual. Se sobrevalora el texto, como se dijo, haciéndolo un programa de filosofía política materialista enemiga de la democracia directa – «el ideal del dogmatismo jacobino» (Levystone 47). Marr-Rhodes, por el contrario, lo convierten en un ejercicio casi despolitizado. Una lectura atenta, distanciada, resulta más reveladora.

¿Es *El sistema político de los atenienses* obra de un oligarca «inteligente»? En el texto conservado hay más bien bipolaridad, inconsistencia teórica y, sobre todo, antiimperialismo y racismo de clase, sentimiento de élites menospreciadas, con todas las contradicciones que conlleva el resentimiento. El filósofo Manuel Cardenal de Iracheta (Galiano 1971: XV), citando a H. Frisch, habla de «dos almas» luchando en el corazón del autor: una idealista y otra materialista, «un alma de oligarca, de noble –que informa su vida de ciudadano expatriado– y una mentalidad científica, intemporal, que ve claro y especula según los datos que posee, empíricamente. Esta mentalidad científica le permite ver la serie de los valores democráticos. Y también que la democracia no se hundía de por sí –por la famosa «corrupción» platónica

[Rep. VII]. Para derrocarla habría que acudir al extranjero, piensa, y esta es su inducción científica en el caso de la democracia ateniense».

El Viejo Oligarca conoce bien el sistema ateniense, ha estado en la Asamblea y en el Consejo, ha votado y ha sido sorteado. De hecho, por las alusiones a «mis barcos» (II, 11), es posible que haya sido encargado de una *trierarquía* o que sea efectivamente armador. Su prosa, aunque poco hábil, transmite la vitalidad de la metrópolis de forma que el lector no sabe si es una celebración o una denigración del poder del *dêmos* (no del «populacho», al que parece despreciar). De hecho, el texto es famoso por esa fascinante paradoja expuesta ya desde las primeras frases. No es solo un rasgo de la «psicología» del autor y de su posicionamiento político. Es también una figura retórica, una figura dialéctica o metalogismo: la *concesión* o *epítrope*, parecida a la *permisión*. Si bien esta última funciona como una especie de conjuro (se desvía una acción o argumento peligroso fingiendo permitirlo, parece dar la razón pero no lo hace), en la *concesión* un segundo argumento vendrá a sustituir y deshacer el primero. Todo un ejercicio de judo retórico que ha dado a su autor fama de inteligencia, fama *a contrario*. O quizás es un inconsciente escindido de la elite ateniense, un yo escindido en un otro del texto. Alguien que desprecia al mismo tiempo que está fascinado por la energía liberada por el *dêmos* ateniense: un Alcibíades, Terámenes, Tucídides, puede que el mismo Jenofonte, o una parte de él.

La lógica torcida de la «sociología» oligárquica

Léase con atención el arranque del opúsculo: «Pero con relación al sistema político de los atenienses, que hayan elegido esta forma de gobernarse, no lo apruebo por esto: porque, al elegirla, eligieron que la chusma estuviera mejor que los mejores. Por esto no lo elogio. Pero ya que lo decidieron así, cómo preservan bien este sistema de gobierno y gestionan bien las demás cosas en lo que al resto de los griegos les parece que se equivocan... esto lo voy a demostrar». ¿Quiénes «eligieron» y cómo? ¿Lo eligió la misma «chusma», el *dêmos*, o más «clases» sociales? Si se trata de la *politeia* de los atenienses, no solo del *dêmos*, ¿todos los atenienses son «la chusma»? ¿Sólo los plebeyos «preservan» y «gestionan» el sistema? ¿En qué se equivocan los atenienses «según los demás griegos», en su forma de gobierno o en su actuación exterior? ¿Todos «los demás griegos» piensan así? En I, 2 –e independientemente de la cuestión de las variantes textuales– se despliega una radiografía sociológica de la sociedad ateniense que, aunque en apariencia correcta, es torcida, sesgada por el prisma ideológico del autor. Léase el pasaje atentamente: primero hace un corte, colocando a un lado a los pobres y al pueblo, por otro a los nobles y a los ricos. El filólogo británico Francis McDonald Cornford (1874-1943), en su obra *Thucydides Mythistoricus*, lo leía así:

> El desconocido autor de *Sobre la constitución ateniense*, en unas pocas páginas, nos dice más sobre el *dêmos* ateniense de lo que encontraremos en todo Tucídides, mostrándonos cómo un aristócrata chapado a la antigua veía los diferentes partidos. Usa tres antítesis: (1) los comunes (*dêmos*) se oponen a los nobles de nacimiento (*gennaîoi*), una reminiscencia de los tiempos pasados de gobierno patricio; (2) los «trabajadores manuales» (*ponêroi*, que parece poseer algo de su significado original

de «hombres que trabajan») se oponen a las clases educadas y pudientes, llamados ingenuamente «los mejores» (*hoi chrêstoí* or *hoi béltistoi*); (3) los pobres (*pénêtes*) son colocados en contraste con los ricos (*ploúsioi*) u hombres de posición y riqueza (*dynatôteroi*). (1907: 15-16) [Trad. nuestra]

Esta lectura, sin embargo, no disuelve del todo la confusión del pasaje del Viejo Oligarca, en el que aparecen mezclados diversos sectores sociales. Vamos a intentar desenredarlo. La primera antítesis opone dos bloques: a un lado, los pobres y el *dêmos*, *versus* los nobles y los ricos: dos bloques, cuatro tipos de hombres. Luego hay una amplificación: el *dêmos* que rema y los pilotos, pentencotarcos, etc. *versus* los hoplitas-nobles-*chrêstoi*. Aquí nos encontramos con una división de varias clases sociales, en las que el estatus y la riqueza se oponen a la pobreza, primero, pero es inconsistente, simplificador y generalizador, además de haber añadido, casi solapadamente, a los hoplitas, que no son necesariamente ni ricos ni nobles. Como sugieren, entre otros, Gomme (48) y Levystone (45), no podemos depender del Viejo Oligarca para la verdad.

La principal oposición del texto (esta sí), se sitúa entre los *ponêroi* y los *chrêstoi*, oposición que aparece por todas partes. Básicamente, los significantes implican una valoración moral cercana a lo que traduce Canfora («la canalla» / «la gente de bien»), pero tampoco sabemos exactamente cómo eran sentidas o vividas ideológicamente esas palabras en la época del opúsculo: es posible que *ponêrós* contenga un sesgo despectivo o condescendiente a los que tienen que trabajar duro con sus manos, que es lo que hay en la etimología: «los sufridores, fatigados, esforzados».²⁶ El texto revela distinciones de clase claras entre ciudadanos atenienses ricos y pobres, pero incluye a los *zeugitai* (cf. Marr-Rhodes 21), los cuales pueden ser hoplitas (infantería pesada) ya que sus ingresos les permiten pagarse el equipo, a diferencia de la plebe urbana de remeros y pobres asalariados. ¿Entonces? ¿Se trata de una oposición económica, política, moral? Los *ponêroí* equivalen al *dêmos* y los *chrêstoí* a los oligarcas, pero en el saco se ha introducido a otros grupos sociales (véase Sancho Rocher 2016a y 2016b).

Despistan dos cosas: primero, la manera contemporánea de pensar las divisiones políticas y económicas en la formación social de la democracia ateniense, que no se corresponden exactamente con las de clase, aunque en ocasiones se aproximen. En segundo lugar, despista la generalización oblicua del Viejo Oligarca, que es o bien simplista, o bien complicadamente sutil, puesto que muchos miembros de las clases altas eran partidarios del pueblo (del *dêmos*), al mismo tiempo que no todas las personas de alcurnia, aristócratas, «bien nacidos» o «de buena familia» (*gennaîoi*) tenían que ser ricos. Igualmente, no todos los ricos eran nobles. No debe olvidarse que las clases altas atenienses se beneficiaron mucho del imperio (Marr-Rhodes 88). Enrico Flores (1982) ha planteado que en la formación social ateniense tuvieron lugar unos cambios económicos profundos, un pacto social entre los libres y una redistribución de la rique-

---

26 Así Cornford: «the *base mechanics*... working men» y Marr-Rhodes «the toiling / suffering» (App. 4, p. 171). Los términos son difíciles de traducir, por lo que se recomienda consultar el glosario (cf. Marr-Rhodes «worthlessness»). Véase asimismo la nota 1 de Fernández-Galiano y su traducción de I, 5, donde *ponêría* «vicio, depravación, maldad, vileza». Ramírez CXXXVIII, *poneô*, «trabajar (duro)», y *penía*, «pobreza». Jennifer T. Roberts traduce otra palabra del mismo campo semántico, *achrêstoi*, como *useless*, «inútil» (1994: 95), puesto que *chrêstos* es un adjetivo verbal (de *chráomai*) que significa «utilizable».

za.[27] No todos los actores sociales verían esto con agrado, sin duda. Cornford (1907, p. ej. pág. 18) habló de un programa político (*policy*) del Pireo (uno se siente tentado a hablar de un «partido» del Pireo), los partidarios de la guerra, frente a una aristocracia de la tierra y un *dêmos* rural y de pequeños propietarios (como los *Acarnienses*). Puesto que el texto está escrito por un individuo hostil de la democracia, probablemente aristócrata, la palabra *ponêros* –se dijo– contiene racismo de clase; a este respecto, apunta Azoulay (2014: 248, n. 9) la palabra «nuevos ricos canallas», *neoploutoponêroi*, acuñada por el comediógrafo Cratino en el 428, justo después de la muerte de Pericles, la cual implica un vocablo más corto del tipo –quizás– *ploutoponêroi*.

En conclusión ¿qué se está dando a entender en el texto? Lo más probable es que *ponêroí*, en el texto, se refiera a las clases bajas urbanas atenienses de pocos o ningunos ingresos, también a las rurales alrededor de la ciudad (de las cuales muchos individuos se desplazaban para participar en la vida política de la ciudad, cobrando un salario). Pero revela o un desconocimiento de Atenas o una flagrante mentira. Desde la ideología oligárquica y aristocrática, la «chusma» incluiría a los que se dedican a oficios marcados por el estigma del trabajo manual, p. ej. *banausoi*, los trabajadores manuales no tan pobres o aco-

---

[27] Las transformaciones emparentaban la formación social ateniense a la economía de mercado, en tensión con la aristocracia agraria y parte del campesinado libre (véase Sancho 2016a y b). El pacto social entre las elites y los ciudadanos pobres libres supuso un mejoramiento de las condiciones de vida de esclavos y libertos. Para evitar el isomorfismo histórico, plantea Flores (p. 83) un «modo schiavistico della produzione di merci», con desarrollo de fuerza de trabajo libre, liberta y esclava. No hay que olvidar que todo el edificio social se apoyaba en la talasocracia y en los aliados demócratas internacionales, el lado no oscuro del imperialismo ateniense.

modados.[28] Cleón –el vapuleado simbólico de Tucídides– era rico, pero seguramente sería considerado por el Viejo Oligarca un *ponêrós*, como Cleofonte o Hipérbolo. El autor del opúsculo censura las alianzas de clase, a aquellos individuos de las élites que sin ser por naturaleza del *dêmos* se alían con él (II, 19-20), reprobando a una gran cantidad de miembros de la aristocracia y de las clases acomodadas –como Pericles– que tomaban parte activa en la política de la ciudad: «comprendo y tolero al *dêmos*, pero no al que no siéndolo se alía con él: éste me parece un delincuente, un colaboracionista». No sería sorprendente que el polémico planteamiento citado del opúsculo (del que podría decirse que apunta demasiado alto) hubiera sido formulado por una persona que no sentiría escrúpulos a la hora de eliminar a rivales de su propia clase aupados sobre el *dêmos* (como Alcibíades), menos aún de liquidar a ciudadanos pudientes pero sin

---

28 Compárese con Aristóteles, *Política*, 1278a: «La ciudad más perfecta no hará ciudadano al trabajador [artesano] (*banauson*). En el caso de que éste también sea ciudadano, la virtud del ciudadano de la que antes hablamos no habrá de aplicarse a todos, ni siquiera solamente al libre, sino a los que están exentos de los trabajos necesarios» (indicación de L. Sancho Rocher; trad. Manuela García Valdés, Gredos, 1988, 166). La ideología social alrededor del trabajo manual en el mundo clásico –mantiene P. Anderson en *Passages from Antiquity to Feudalism*, Verso, 1974, p. 27– contaminaba el trabajo contratado e incluso el independiente con el estigma de la degradación [*debasement*], y añade que Finley (*Ancient Economy*, 1973) señala que, en la oposición entre *penía* (pobreza) y *ploutos* (riqueza), *penía* conllevaba de hecho el sentido peyorativo de «trabajo pesado», «obligación de trabajar», cuya sombra cubría incluso a los pequeños propietarios prósperos. Parece que los antiguos concebían la libertad real como absoluta: el trabajo duro constriñe o limita esa libertad. Pero la generalización de Anderson es excesiva y habría que matizarla mucho (así, Hesíodo, o el labrador de la *Electra* de Eurípides). La cuestión gira en torno a si el trabajo es libre o forzado, y el estigma puede proceder de círculos nobiliarios; asimismo el trabajo de la tierra es considerado más honroso que el artesanal. Perspicaz históricamente es Ellen M. Wood, p. ej. en *Peasant-Citizen and Slave. The Foundations of Athenian Democracy* (1988). Cabría traer a colación reflexiones de H. Arendt sobre labor y trabajo.

pureza de sangre (*neoploutoponêroi*) o a metecos enriquecidos. Durante la tiranía de los Treinta, entre los cientos de ciudadanos asesinados, hubo individuos acaudalados –metecos y nativos– a los que después les fueron confiscados sus bienes.[29]

Teoría del demos-tirano

Las ideas del Viejo Oligarca sobre el poder del *dêmos* recuerdan a la discusión de Alcibíades y Pericles en *Memorables* de Jenofonte (I 2, 42-46) sobre el *dêmos* tirano (véase Sancho Rocher 2009: 113-114). El retrato de la sociedad escindida en ricos y nobles oligárquicos y pobres demócratas e imperialistas es sesgado (íd. 15 y 175).

El sistema político de los atenienses, o bien refleja la situación de ciertas élites no asimiladas en la democracia, con una aristocracia sometida a presión por la nueva realidad política, o bien está escrito con una lógica torcida, o miente. *Dêmos* es un término que puede cambiar de significado según el autor, su ideología política (ex. gr. el *damos* espartano son los *homoioi*)[30], o actividad (como sucede con otras palabras, como *achrêstos*[31]). El Viejo Oligarca

---

[29] A partir de esto es tentador identificar a Critias con el autor anónimo, o con la voz del texto, quizás redactado por otro. Laura Sancho Rocher (2016a, 2016b) es quien ha estudiado el apoyo social durante el régimen de los 400 del 411 y los Treinta Tiranos (404-403; véase mapa cronológico); agradezco sus comentarios a propósito de los objetivos político-sociales de la violencia de los Treinta.

[30] «Si Pseudo-Jenofonte se dirige a hombres de otros estados griegos que eran oligarquías, especialmente Esparta, esto es especialmente importante; pues todos los estados tenían un *dêmos*; en Esparta estaba formado por los pares [...] pero "No creáis que nuestro *demos* en Atenas es como el vuestro, fácilmente distinguible de los hilotas y periecos" [Plut. *Lyk.* 6, 2]» (Gomme, 39-40; trad. nuestra).

[31] «La vida del *aprágmôn*, después de todo, es la vida que Sócrates escogió vivir en Atenas, sin importarle que pudieran llamarle inútil (*achrêstos* es la palabra usada en *República* para describir al filósofo: ver 487d, 489c)» («Concepts of Freedom», en Gomme, 1962: 141-142; trad. nuestra).

lo usa en un sentido sectario, muy diferente al de Pericles en la Oración o Discurso fúnebre (Tuc. II, 35-46). Es un significante manipulado, porque los ciudadanos varones libres en Atenas proceden en su mayoría de las clases populares urbanas y rurales, pero también de otras clases sociales (si por clases sociales entendemos «clases de condiciones de existencia») y las estratificaciones sociales y profesionales varían, a no ser que aceptemos lo que Ellen M. Wood llama «el mito de la masa holgazana» (o desocupada), de larga historia presente, ex. gr., en Fustel de Coulanges (Wood 1988: 5-41; cit. en Roberts, 1994, 267).

En Pseudo-Jenofonte el aspecto de inteligencia sociológica lo proporcionan las paradojas textuales. Es un texto lleno de exageraciones, p. ej. en I, 11: «En Atenas hay un descontrol increíble con los esclavos, no les puedes pegar, no te ceden el paso...», a lo que el interlocutor responde: «Allí no le puedes dar una bofetada a un esclavo porque si lo haces puede ser que estés, en realidad, abofeteando a un ateniense, ¡es que son iguales, no hay manera de distinguirlos!». Cierto: esto puede revelar una elevación del nivel de vida: que la situación de los esclavos en Atenas era algo mejor, o que las clases bajas urbanas no vivían en la miseria (Sancho 2009: 73; Adrados 1975, bajo Pericles; Flores 1982), o una situación específica de esa formación social: la mezcla en el ágora y el puerto de los remeros (cuya ropa de navegación no debía ser exuberante), los trabajadores, los esclavos y libertos. Unido a esto, la situación de guerra, con tantos hombres movilizados en la flota, hace aumentar la demanda de mano de obra, y un número no determinable de esclavos pueden ganar algo de dinero, mejorar su supervivencia, incluso ahorrar; «Pero en Esparta mi esclavo te tiene miedo», y la respuesta: «Si tu esclavo me teme pagará para evitar una paliza» (I, 11), «pero como en Atenas los necesitamos, por interés, ya no conviene golpearles... de ahí el descontrol». Puede que sea ceguera ideológica (consciente o inconsciente), pero hay algo de exageración, casi de *boutade*, para un público de lacedemonios (acostumbrados a matar hilotas sin motivo, p. ej.) que se escandalizaría al oírlo y alzaría las manos al cielo, o para un público de «oligarcas de toda la vida» atenienses, filoespartanos, que enrojecerían escuchándolo[32].

Más generalizaciones y simplificaciones brutales: Atenas tiene más festivales que todas las ciudades griegas; los atenienses siempre están de fiesta, y a costa de los ricos; así, no es extraño que los tribunales estén saturados. Como si dijera: «Los teatros, instalaciones, barcos... todo esto lo están (lo "estamos") pagando los ricos, obligados por esa chusma ignorante, descontrolada», ¿está describiendo una situación que considera «injusta»? ¿No ha dicho en I, 1 que «es justo que en Atenas los pobres y el pueblo estén mejor porque son los que mantienen la flota y dan su fuerza a la ciudad»?

Argumentos dobles: justo-injusto, lógico-ilógico

Categorías como «justo» o «injusto» no funcionan igual que en el mundo actual. Lo que se describe es una situación de opresión que un sector de ricos y (o bien) aristócratas, de ideas oligárquicas, considera intolerable. Igual con las relaciones con los aliados: es duro para los aliados –critica– tener que ir a Atenas a resolver sus juicios. Gran parte del *Sistema político de los atenienses* es un alegato contra el imperio marítimo ateniense, como si clamara: «lo tienen todo, controlan el mar, no se puede

---

[32] Cf. Platón, 40-50 años después, *Rep.* VIII, 14 (563b-d): «...este exceso de libertad en la democracia ocurre en tal ciudad cuando los que han sido comprados con dinero no son menos libres que quienes los han comprado».

comerciar sin su permiso, cualquier cosa que necesito tiene que pasar por su beneplácito». Lo «justo» o «injusto» en el sentido de Platón, eran conceptos discutidos en los círculos socráticos. En la Atenas democrática, y en general en el mundo griego, las nuevas ideas dominantes sobre relaciones internacionales y relaciones de poder tenían que ver con el derecho de conquista y la teoría del interés propio (Marr-Rhodes 16-18), como describirá Tucídides, el cual, sin embargo (III, 82) muestra el escándalo del cambio de significado de términos morales, costumbres y relaciones, en las situaciones de *stásis* o conflicto civil. En Tucídides al relato –de Cornford– de que la *hybris* (arrogancia o exceso) atrae el castigo divino (Atenas y la expedición de Sicilia como paradigma), se mezcla la descripción de operaciones políticas y militares en las que predomina el realismo político de la razón de Estado. No resulta fácil despegar la sedimentación de lo real y lo imaginario en el inconsciente ideológico de un texto. Es posible, con todo, que una parte importante de los estratos de ese relato de la historia de Atenas se hubiera segregado desde la ideología de la disidencia oligárquica.

La nueva moral del «interés» convive con ideas tradicionales de «nobleza» o «ingenuidad», y resulta difícil de dilucidar: siempre es necesario matizar, porque ninguna formación ideológica es un bloque sin contradicciones. Por otro lado, cabe argumentar que más que de lo «justo», en el texto se trata de «lo lógico»: «no me gusta esto, pero puesto que las premisas son correctas, es justo porque es lógico, y viceversa». La admiración por el *kratos* del *dêmos* se enlaza a un moralismo aristocrático que desprecia el trabajo, el comercio y el acceso de las clases populares a la participación política. Esto hay que explicarlo porque es el caso específico ateniense.

Sorteo y participación política (Consúltese el glosario).³³

En I, 2 y ss., al inicio, se alude al sorteo de cargos y magistraturas como algo habitual. El sorteo de magistraturas, puestos judiciales, la rotación de cargos y la rendición de cuentas eran mecanismos de la democracia directa ateniense claves en su funcionamiento. Con ellos, se evitaba la concentración de poder en pequeños grupos y las rivalidades entre los mismos, así como las redes clientelares. Igualmente, se prevenía la corrupción. Abría el acceso de todos los ciudadanos, incluidos los menos favorecidos y de menos recursos, a tomar decisiones sobre su ciudad y sobre cuestiones que les afectaban directamente, como la guerra. La Asamblea de todos los ciudadanos era el órgano decisorio supremo.³⁴ Cualquiera que se presentara voluntario podía ser elegido para cualquier cargo, salvo los especializados. Las magistraturas que exigían competencias técnicas, como los altos mandos militares y los de responsabilidad financiera, se elegían por votación y eran controlados por medio de exámenes (*dokimasia*, véase el glosario). El argumento del Viejo Oligarca (I, 1) de que el pueblo no ejerce puestos clave para la seguridad de la ciudad porque no le conviene, revela una persona llena de falsos prejuicios, si no cicatera.

En Atenas había *isegoría* (igualdad de palabra) y *parresía* (franqueza, hablar libremente): «Ahora, cualquiera puede tomar la

---

33 Véase Mogens Hansen (1993) y Bernard Manin (1997). Para un estado de la investigación (para la fecha), J. Ober (2007), «What the Ancient Greeks Can Tell Us About Democracy» (*Annual Reviews in Political Science* 11: 67-91). En el marco español, es clásico el trabajo de Adrados (1975), pero se ocupa de la relación entre literatura, ideas e historia, de una forma textocéntrica, descuidando el aspecto institucional. Otros, como Espelosín, Blázquez son importantes, pero los trabajos de Laura Sancho y Domingo Plácido son claves.
34 «Ciudadanos» significa varones adultos nacidos de padres atenienses. Véase glosario «*pólis*».

palabra y conseguir ventajas para él y para los suyos», se lamenta el Viejo Oligarca, quien en I, 5-8 afirma que los *ponêroi*, el *dêmos*, no favorece a las élites porque sabe que si lo hiciera estaría apoyando a sus enemigos, «y en toda la faz de la tierra lo mejor es opuesto a la democracia», porque el pueblo carece no sólo de virtud moral, sino también de inteligencia y educación, a la que no pueden acceder por falta de recursos. Señala Jennifer T. Roberts (1994: 53-54) que es la primera vez que se manifiesta en una obra (de las conservadas) el pensamiento de que los pobres hacen malos ciudadanos. El resentimiento de este autor desconocido es, por tanto, el de élites menospreciadas, como en II, 17: «...si resulta que de lo que el pueblo decidió algo sale mal, el pueblo culpa a unos pocos hombres acusándolos de echarlo a perder actuando en su contra, mientras que si sale bien, se atribuyen a sí mismos la iniciativa».

El sorteo (*klêros*) facilita el acceso a las magistraturas y el salario (*misthos*), la participación en política. Para algunos era escandaloso, primero, que cualquiera pudiera tomar decisiones que le afectaban directamente, como la guerra o la política fiscal. Segundo, que hubiera personas pudientes, fueran o no cultas, e incluso nobles, partidarios de la «chusma».

Un cumplido involuntario
En III, 12-13, el autor desconocido reconoce que «nadie en Atenas ha sido privado injustamente de su ciudadanía», puesto que los ciudadanos únicamente son privados de derechos políticos «por gobernar sin justicia y por no decir ni hacer lo que es justo», y tal vez no advierte el desliz de lo que otros han leído como un cumplido involuntario (Guntiñas, Ober y Marr-Rhodes). La implicación es que el sistema no es arbitrario a la hora de inhabilitar a un ciudadano con la *atimia* (despojar de

derechos civiles). Asimismo, en la discusión (III, 6-8) –por otra parte confusa– sobre si reducir el número de tribunales o el número de jueces para agilizar la resolución de los pleitos para reducir las costas y gastos de los aliados, se argumenta que el peligro de reducir el número de jueces arriesga la aparición del cohecho: «será fácil confabularse con unos pocos jueces, sobornarlos y el juicio será mucho menos justo», pero súbitamente el texto se corta radicalmente para pasar a «los atenienses tienen muchas fiestas». Realmente, en estos pasajes se lanza, inadvertidamente, un cumplido a la efectividad del sistema ateniense con respecto a la privación de derechos y con respecto a la erradicación del cohecho.[35]

¿Una democracia precaria? A modo de conclusión

«Si nuestro objetivo al volver a la antigüedad griega es llegar a una comprensión del poder político que pueda sernos útil, debemos aprender a prestar atención a los practicantes de la democracia tanto como a sus críticos» (Ober 2008: 8; trad. nuestra). Estos últimos –explica Ober– buscaban re-denominar *demokratía* como el equivalente de una tiranía de «los muchos», una *polloi-archia*, como la dominación monopolista de un gobierno de la mayoría –u *ochlocracia*, gobierno de la masa. Esta es la estrategia del Viejo –o joven– Oligarca. Igual que *kratos* no es sinónimo de *archê*, así en Atenas *dêmos* significaba «el conjunto

---

35 En la alusión a una posible forma de corrupción en III, 3 –«Si se llega uno al Consejo o a la Asamblea popular dinero en mano, se les atenderá»–, no está claro de qué se habla (véase nota correspondiente en la traducción literal) porque, ¿cómo sobornar a cientos de jueces o miembros de la Asamblea?

de la ciudadanía», no un fragmento sociológicamente delimitado de la misma. Igualar democracia y oligarquía en el sentido de control de las magistraturas es aceptar la propaganda antidemocrática como una descripción exacta de la realidad.

De acuerdo, ¿pero cuál es el objetivo del autor desconocido? Al final del opúsculo se deja claro que en la situación descrita el sistema no puede cambiarse, o tal vez mediante un golpe de Estado. La democracia, tal y como está organizada en Atenas, funciona, es decir, le funciona al *dêmos*, que puede ser degenerado pero no es tonto. No es un sistema reformable, en expresión de E. Flores. Aquí es donde vemos que la argumentación, o bien es demasiado inteligente o es torpe o manipuladora. Si el relato de Romilly (1994) o Rhodes (2011) es cierto, corresponde a un Alcibíades, a sus dotes retóricas y a su doblez, a su relación ambigua y contradictoria con Atenas y su *dêmos*, como un inconsciente escindido entre la *pólis* y la aristocracia; pero puede corresponder a un Critias elitista, sofista, que no tolera el sorteo ni la Asamblea, condena a los que ve como «colaboracionistas» y aboga por la doctrina de la ley del más fuerte. (No puede dejar de mencionarse que ambos sujetos fueron discípulos de Sócrates.)

Recapitulemos: el Viejo Oligarca no tiene en cuenta, primero, el carácter interclasista de la democracia ateniense, ni siquiera a aquellos que no se identificaban con ningún bando y estaban «en medio» (Sancho 2009: 15); en Atenas, aunque en su mayoría fueran clases bajas urbanas (muchos remeros) las que en definitiva tomaban las decisiones, había una gran cantidad de pequeños propietarios agrícolas, miembros del artesanado, comerciantes... Gomme indicó que el autor mentía, pero también dijo que no pretendía decir la verdad. Claro que no le interesaba, como podría interesarle a un empresario capitalista, la efectividad o productividad del sistema político ateniense. Su desprecio del trabajo manual era no sólo su inconsciente aristocrático, sino que, en cierta medida, eludía la compleja realidad social y comercial del momento y las nuevas alianzas y rivalidades internas de clase. En estos matices, recovecos, alusiones y elusiones, el texto muestra sus fisuras. Ataca al *dêmos*, pero admira su poder, porque es también la ideología aristocrática del amo / esclavo (libre / trabajo forzado directo). Pero el verdadero objetivo es iluminar a los de su propia clase social, reprocharles su aquiescencia e inactividad: el Viejo Oligarca pretende devolver «conciencia de clase». Hasta aquí se estaría de acuerdo con Canfora y Flores. Pero hay un problema, y es la naturaleza aporética de la *politeia* (Ober 1998: 23 y ss.). El texto parece decir que el sistema no puede cambiarse si no es derribándolo y no es extraño que termine como lo hace. Esa aporía o *impasse* puede explicarse como una compensación psicológica del tipo «no hay nada que hacer», pero también a partir de la naturaleza epidíctica (demostrativa) del tratado, si se lo considera un ejercicio. En cualquier caso, es lo mismo: ejercicio o acción, su contenido no cambia sustancialmente: «No hablo bien de la república de los atenienses, pero el sistema, aunque anómalo, les funciona».

Epílogo

Alrededor del 380 a. n. e. escribía Platón su *Politeia* («República»), que situaba su acción dramática durante la guerra del Peloponeso y en la que se trataba sobre la justicia. El suyo es quizás uno de los ecos más ilustres del Viejo Oligarca, al que acaso conociera en su juventud. En el libro VIII, 14 (563b-d) caricaturiza la democracia a la manera del texto pseudo-jenofonteo:

—Y el colmo, amigo, de este exceso de libertad en la democracia —dije yo— ocurre en tal ciudad cuando los que han sido comprados con dinero no son menos libres que quienes los han comprado. Y a poco nos olvidamos de decir cuánta igualdad y libertad hay en las mujeres respecto de los hombres y en los hombres respecto de las mujeres.
—Así, pues, según aquello de Esquilo, «¿diremos lo que nos vino ahora a la boca?» —preguntó.
—Sin dudarlo —contesté—, y lo que digo es esto: que, por lo que se refiere a las bestias que sirven a los hombres, nadie que no lo haya visto podría creer cuánto más libres son allí que en ninguna otra parte, pues, conforme al refrán, las perras se hacen sencillamente como sus dueñas, y lo mismo los caballos y asnos, que llegan allí a acostumbrarse a andar con toda libertad y empaque, empellando por los caminos a quienquiera que encuentren, si no se les cede el paso; y todo lo demás resulta igualmente henchido de libertad.[36]

Me resulta difícil, al leer esto, no sentir antipatía por el gran filósofo de Atenas, al tiempo que asombro por la libertad de su ciudad, en la que escribió tan duramente contra los que prescindieron de su sabiduría. Decido, por tanto, leerlo de otra forma. Más adelante (564a), escribe: «Es natural que la tiranía no pueda establecerse sino arrancando de la democracia; o sea que, a mi parecer, de la extrema libertad sale la mayor y más ruda esclavitud». Cierto que Platón advertía de los riesgos de la libertad. Cuanto más abierta es una sociedad, más riesgos

---

36 Traducción de J. M. Pabón y M. Fernández-Galiano, Madrid, Centro de Estudios Constitucionales, 1981 (1ª edición 1949; 1969²), pp. 85-87, tomo III.

corre, porque algunos tiranos surgen de entre los demagogos. Pero para evitar la tiranía de los líderes o de las camarillas (o *lobbies*) y sus eternos conflictos, los atenienses idearon multitud de protocolos de contención y prevención como el sorteo de miembros de tribunales, puestos políticos y cargos públicos, la rotación de los mismos y la rendición de cuentas de los funcionarios civiles. La ironía, en el caso de Platón, es que la tiranía regresó a Atenas desde fuera, desde Macedonia, tras hacerse con el poder a punta de lanza. El gobierno «anómalo» había durado más de lo teorizado por Platón o por el Viejo Oligarca. Y gracias a este último, a su radicalismo antidemocrático, impericia teórica y estilística, al tono panfletario de su *Sistema político de los atenienses* (conservado milagrosamente) tenemos un retrato único, lleno de viveza, de la democracia directa ateniense, algo así como una pequeña filmación documental, en unos meses alrededor de 424 o 415. Gilbert Murray pensaba que no tenía precio y añadía: «Si tuviéramos 100 páginas más y no solo trece, nuestra comprensión de la historia de Atenas sería más concreta de lo que es» (cit. Petch 1926: 13). La excepcionalidad histórica del sistema ateniense (508-322 a. n. e.), en expresión de Ellen Meiksins Wood, consistió precisamente en la capacidad de participación de la ciudadanía, frente a los regímenes políticos posteriores, incluidas las democracias representativas modernas. Está claro que esta democracia directa ateniense nos sigue interpelando a nosotros hoy, en plena crisis de representación democrática, en nuestros tiempos turbulentos, porque en ella se encuentran – en palabras de Castoriadis – las semillas de una nueva creación histórica.

Nuestro texto y traducción

He seguido de cerca las ediciones de Kalinka, Bowersock y Galiano, optando sobre todo por el texto de este último, e incluyendo algún cambio de Marr-Rhodes y Ramírez Vidal.

He leído con aplicación todas las traducciones citadas en la bibliografía, salvo la alemana. Todas tienen sus virtudes y defectos y casi todas contienen un estudio actualizado –para sus épocas– de la «cuestión pseudojenofontea», así como unas anotaciones y comentarios del texto más o menos útiles; en español, destacaría el texto de Galiano, la labor de Gerardo Ramírez Vidal y la elegancia en traducción de Guzmán Guerra. Trabajar con tales precedentes resultó una labor difícil. La de Marr-Rhodes (2008) contiene el estudio más actual, pero uno se pregunta sorprendido por la sordera británica ante trabajos de tanta calidad como el de Ramírez.

Para la traducción, he reconstruido un texto híbrido que reproduce el transmitido tradicionalmente (Kalinka), junto a la división en forma de diálogo de Canfora (véase también Ramírez, pp. XVII-XX). El lector podrá leerlo como tratado, como discurso o como diálogo. Como se explicó al inicio, se ofrecen dos traducciones, una sin notas, fácil de leer (solo se señalan los interlocutores y los capítulos), y otra más literal, anotada, con numerosas adiciones paratextuales entre corchetes o acompañadas de asterisco. Se recomienda consultar la «guía de lectura» de la traducción literal comentada: ofrecemos un formato de traducción diferente a lo habitual, para dar la oportunidad al lector que no sabe griego de disfrutar de un acceso a los fascinantes matices (y adversativas) del original. El estilo de nuestra traducción literal se pliega al del original. No se entiende por qué el esfuerzo de «arreglar» lo que no puede arreglarse, de darle coherencia a los manuscritos o intentar reconstruir un estadio textual irreparablemente perdido. Los antiguos nos han transmitido, con el texto, sus propias dudas sobre el mismo.

Sobre el título, creemos que la traducción «Constitución» no es correcta: primero porque puede confundirse con la obra pseudoaristotélica, segundo porque nuestro concepto moderno de «constitución» no es el de *politeía*; otra denominación transmitida en algunas ediciones (cf. Sauppe; la trad. de Galiano) es la de «república». En nuestra opinión, aunque es mejor, se presta a confusión, aunque aluda a una «tradición republicana» elogiada por numerosos filósofos. *Constitución de Atenas* no es válido: «de los atenienses» es más concreto, porque el matiz alude a los ciudadanos. Nos hemos decidido por *El sistema político de los atenienses* –como Canfora– sin olvidar que «política» proviene de *pólis*. Recomendamos el uso del mapa cronológico y del glosario.

Traducciones

Traducción
y
Traducción literal anotada
precedida de una guía de lectura

El sistema político de los atenienses
Traducción

Sobre la democracia

I.1 A:[1] Por otro lado, con relación al sistema político de los atenienses, el que hayan elegido esta forma de gobernarse no lo apruebo por esto: porque, al elegirla, optaron por favorecer a la chusma por encima de los mejores. Por eso no la aplaudo. Pero ya que lo decidieron así, voy a demostrar primero con qué acierto preservan este sistema de gobierno y, a continuación, que gestionan bien las demás cosas de forma que al resto de los griegos les parece que se equivocan.

2 Pues bien, en primer lugar diré esto, que es justo que allí los pobres y el pueblo salgan mejor librados que los nobles y los ricos, por una razón muy sencilla, porque es el pueblo el que rema en los barcos y dota de fuerza a la ciudad, y los timoneles y cómitres y capitanes y proeles y armadores, esos son los que dan su fuerza

---

1 A y B son los interlocutores del supuesto diálogo, en caso de que quiera leerse como tal.

a la ciudad mucho más que la infantería pesada, los nobles y los mejores. Y puesto que así están las cosas, parece que es justo que todos tengan acceso a los cargos y magistraturas, tanto en los sorteos en curso como por elección a mano alzada, y que al que quiera de los ciudadanos se le permita hablar en la Asamblea.

3 Luego están aquellos cargos que, bien gestionados, aportan seguridad, pero que, mal desempeñados, ponen en peligro al pueblo entero: el pueblo no exige para nada tomar parte en estas magistraturas; no creen necesario ocupar por sorteo ni los puestos de altos mandos militares ni de la caballería: porque el pueblo sabe que es más ventajoso que él mismo no desempeñe estos cargos, sino dejar que se encarguen los más poderosos. Los cargos que comportan salario y beneficios para el propio peculio, estos los busca el pueblo para ejercerlos.

4 Luego, en cuanto a aquello de que algunos se quedan perplejos ante el hecho de que siempre asignen más puestos a los plebeyos, a los pobres y a los populares que a las gentes de bien, quedará claro al respecto que en esto mismo muestran que salvaguardan la democracia. Porque los pobres y las gentes comunes y también los peores, estando bien y propagándose en número, acrecientan la democracia. Pero si los que están bien son los ricos y las personas de calidad, los demócratas fortalecen contra sí mismos a lo opuesto a ellos, 5 y por toda la faz de la tierra los mejores se oponen a la democracia, pues en los mejores hay un mínimo de desenfreno y maldad y un rigor máximo para los valores morales; en el pueblo, por el contrario, sobra tanta ignorancia como desorden y vileza; porque la pobreza les lleva al vicio, así como la falta de educación e incultura, dada en algunas personas por falta de medios económicos.

B: 6 Alguien podría decir que no se les debería permitir hablar a todos por igual, ni deliberar en el Consejo, sino solo a los hombres más inteligentes y excepcionales.

A: Sin embargo, también en este punto han tomado la mejor decisión al permitir hablar incluso a los más miserables. Pues si hablaran y fueran miembros del Consejo solo las personas de calidad, beneficiarían a los suyos –sus iguales–, no a los demócratas, mientras que ahora, levantándose quienquiera para tomar la palabra, un individuo de baja estofa procura lo que es bueno para sí y para los que son como él.

B: 7 Se podría objetar lo siguiente: Pero ¿qué sabe un tipo semejante lo que le conviene a él o al pueblo?

A: Ellos saben que la ignorancia, bajeza y tendenciosidad de ese individuo les es más ventajosa que la virtud, sabiduría y aversión de una persona de mérito. 8 Cierto que una ciudad con ese género de vida no será, quizás, la más perfecta... pero es que es así como mejor se conserva la democracia.

B: En efecto, el pueblo no quiere ser esclavo en una ciudad bien gobernada, sino ser libre y mandar, y el mal gobierno poco le importa.

A: Pues lo que tú llamas «mal gobierno», de eso mismo se fortalece el pueblo y es libre. 9 Pero si buscas un buen gobierno, lo primero que verás es que los más inteligentes dictan las leyes que más les favorezcan; luego, que los mejores castigan a los peores y que los mejores deliberan sobre la ciudad y no permitirán que unos locos hablen o asistan ni al Consejo ni a la Asamblea. Ahora bien, el resultado de estas buenas medidas sería que el pueblo rápidamente caería en la esclavitud.

B: **10** Con los esclavos y extranjeros residentes hay en Atenas un descontrol enorme: allí, ni se puede golpear ni te cederá el paso un esclavo.

A: El porqué de esta costumbre local te lo voy a explicar yo: si un libre pudiera legalmente pegarle a un esclavo –o a un extranjero o a un liberto–, muchas veces, tomándolo por un esclavo, acabaría golpeando a un ateniense; pues el pueblo allí no viste mejor que los esclavos y los metecos, ni siquiera son mejor parecidos. **11** Y si hay alguien que se sorprenda de que allí permitan a los esclavos lujos y comodidades e incluso a algunos vivir como reyes persas, también esto parece que lo hacen por una razón: porque donde el poder reside en la Armada, la necesidad de ingresos les esclaviza a sus esclavos. Me explico: sucede porque yo –cualquiera– me quedo con una parte de sus jornales, y hasta puede que compren su libertad.

B: Pero en Esparta mi esclavo te teme.

A: Si tu esclavo me tiene miedo, se sentirá en peligro y pagará de su dinero para no arriesgar su persona. Y donde hay esclavos ricos, allí ya no me beneficia como amo que mi esclavo te tema. **12** Por eso hemos concedido libertad de palabra también a los esclavos con respecto a los libres y a los metecos con respecto a los ciudadanos, porque la ciudad necesita a los extranjeros no solo para ocuparse de infinidad de talleres especializados, sino para la flota. Es por eso que también, ¡y con razón!, les hemos concedido libertad de palabra a los metecos.

13 El pueblo ha acabado allí con los que se dedican a la gimnasia y a cultivar las artes de las musas, juzgando que no es bello, pero consciente de que no está a su alcance dedicarse a estas cosas. En cambio, si se trata de subvencionar el teatro, equipar instalaciones deportivas y competiciones y de sufragar una trirreme, saben que son los ricos los que costean el coro teatral que el pueblo –espectador o figurante– disfruta por partida doble; que son los ricos los que pagan los deportes en los que el pueblo participa y las trirremes en las que navega. Y así se creen dignos –el pueblo– de cobrar en metálico por cantar, correr, bailar y bogar en las naves, para que los pobres sean ricos y los ricos, más pobres. E igualmente en los tribunales no les importa tanto la justicia como lo que les convenga.

Sobre los aliados

14 En cuanto a los aliados y en cuanto al hecho de que los atenienses en sus expediciones navales se dedican a delatar según les parece y odian a los mejores, sabiendo que es forzoso que el que domina sea odiado por el dominado, y calculan que si los ricos y poderosos llegan a hacerse fuertes en las ciudades, muy poco tiempo durará el poder de «El Pueblo de Atenas», por eso, efectivamente, humillan a la gente de bien despojándoles de sus derechos de ciudadanía, confiscándoles sus bienes, desterrándolos y matándolos, engrandeciendo, en cambio, a la canalla. Y los atenienses importantes, por el contrario, defienden en las ciudades aliadas a las personas de valía, conscientes de que es bueno para ellos proteger siempre a los mejores en las ciudades.

B: **15** Alguien podría objetar que la fuerza de los atenienses depende de si los aliados pagan su tributo.

A: A los demócratas les parece mucho mejor que las contribuciones de los aliados las tenga cada individuo ateniense, y que aquellos tengan lo justo para vivir para que a fuerza de trabajar más no les dé por conspirar.

B: **16** «El Pueblo de Atenas» parece equivocarse malamente también en este otro punto: los aliados están obligados a navegar hasta Atenas para resolver asuntos judiciales.

A: Pero ellos contraargumentan aduciendo la cantidad de bienes que hay en juego para «El Pueblo Ateniense»: primero, el cobrar ellos, durante todo un año, el salario de los jurados, de los depósitos legales del Pritaneo; además, sentados en casa, sin viajes por mar, administran las ciudades aliadas, protegen a los populares y despachan a sus oponentes en los tribunales. Si cada cual ventilara sus litigios en casa, puesto que están resentidos con los atenienses, acabarían precisamente con quienes de entre ellos mismos fueran «Amigos del Pueblo Ateniense». **17** Y aparte de estas cosas, el que los pleitos de los aliados se diriman en Atenas le reporta al pueblo ateniense las siguientes ganancias: primero, que la tasa estatal del uno por ciento del puerto del Pireo es mayor; segundo, al que tiene una hospedería le va mejor; y también al que tiene una yunta de transporte o un esclavo para alquilar; y hasta los heraldos salen ganando de las estancias de los aliados. **18** Y aparte de todo esto, si los aliados no viajaran para sus pleitos, estos honrarían únicamente a los atenienses que navegaran, es decir, a los generales, a los capitanes de trirremes y a los embajadores; en cambio ahora todos y cada uno de los aliados se ven obligados a adular a «El Pueblo Ateniense», conscientes de que, una vez llegado a Atenas, todo individuo debe demandar o sufrir justicia no ante personas cualesquiera sino ante el Pueblo mismo, que en Atenas es –naturalmente– la Ley. Además, se ve obligado a suplicar en los tribunales y a estrechar la mano del primero que entre. Por eso, en fin, los aliados del pueblo de los atenienses se han convertido más bien en sus esclavos.

Sobre el dominio del mar

19 Por otra parte, debido a las posesiones en el extranjero y a los cargos en esos territorios han aprendido sin darse cuenta a manejar el remo ellos y sus esclavos; fuerza es, sin duda, que el hombre que navega con frecuencia agarre el remo, no sólo él sino también su esclavo, y que se aprenda los términos náuticos; **20** se convierten así en buenos marinos por experiencia en navegación y por su ejercicio: unos se ejercitan gobernando embarcaciones ligeras, otros barcos de carga y algunos pasan de ahí a las trirremes. La mayoría son capaces de navegar en cuanto embarcan, porque se han pasado la vida entrenando.

II.1 Paso ahora a tratar el asunto de la infantería pesada, lo que menos bien parece estar en Atenas, con la que pasa lo siguiente: aunque reconocen que son inferiores en número y peores que los enemigos, a los aliados que pagan tributo les superan por tierra y consideran que su infantería pesada basta si son superiores a los aliados. **2** Por otro lado, se da la siguiente circunstancia natural, ventajosa: los dominados por tierra pueden luchar juntos en una coalición de ciudades pequeñas, pero los dominados por mar, todos los isleños, no pueden unir sus ciudades en un levantamiento común, pues el mar está de por medio y en él mandan los

Amos del Mar, los Talasócratas. Y si los isleños pudieran reunirse en secreto para esto en una sola isla, morirían de hambre. 3 Y de cuantas ciudades continentales están sometidas a los atenienses, las importantes quedan subyugadas por miedo y las pequeñas por pura necesidad: pues no existe ninguna ciudad que no necesite importar o exportar nada; esto, efectivamente, no le será posible si no es súbdita de los dueños del mar. 4 Además, quienes dominan del mar pueden hacer lo mismo que, en ocasiones, los de tierra: asolar el territorio de los más fuertes, ya que es posible costear hasta un lugar donde no haya ningún enemigo o donde pocos y, si se acercan, embarcarse y zarpar. El que hace esto corre menos riesgos que el que acude en auxilio por tierra. 5 Además, los Amos del mar pueden zarpar de su territorio y alejarse en navegación lo que quieran, mientras que los de tierra no pueden alejarse a muchos días de camino, pues las marchas son lentas y al que va a pie no le es posible acarrear víveres para mucho tiempo. El que va a pie debe marchar por territorio amigo o abrirse paso peleando, mientras que el que navega puede desembarcar en donde sea más fuerte y, donde no lo sea, no desembarcar, sino costear hasta que llegue a territorio amigo o adonde las fuerzas sean inferiores a las suyas. 6 Además, las plagas de las cosechas, que proceden de Zeus, los dominadores terrestres las aguantan con dificultad, mientras que los del mar fácilmente, porque no toda tierra se emponzoña a la vez, y así, de zonas prósperas les llega el trigo a los Amos del mar.

7 Por otro lado, si hace falta repasar menudencias, primero, por el dominio del mar han descubierto nuevas formas de vida regalada, al mezclarse con otros pueblos, pues cualquier galguería de Sicilia o Italia, de Chipre o Egipto, de Lidia, del Ponto o del Peloponeso, es decir, lo que sea de cualquier parte, todo afluye

a un solo lugar, por el dominio del mar. **8** Segundo, al escuchar tantas lenguas distintas han ido adoptando esto de esta, esto de la otra; y mientras los demás griegos tienen su particular dialecto, modo de vivir y de vestirse, los atenienses utilizan una mezcla tomada de todos los griegos y bárbaros.

9 En lo tocante a sacrificios, templos, fiestas y santuarios, puesto que el pueblo sabe que los individuos pobres no pueden pagar sacrificios y festines, erigir templos y habitar una ciudad grande y hermosa, ha encontrado la manera de hacerlo todo realidad: sacrifican públicamente, por orden oficial de la ciudad, muchas víctimas, pero es el pueblo el que festeja y el que se reparte por sorteo en el banquete las porciones de los animales sacrificados. **10** Y en cuanto a gimnasios y baños y vestuarios, algunos ciudadanos acaudalados los tienen privados, pero el propio pueblo, también para su uso «privado», se construye muchas palestras, vestuarios, baños, instalaciones de las que disfruta más la masa que la minoría de personas selectas y afortunadas.

11 La riqueza solo ellos pueden poseerla, de griegos y de bárbaros. Porque si una ciudad cualquiera es rica en madera para hacer barcos, ¿dónde la colocará si no llega a un trato con los Amos del mar? ¿Y qué? Si alguna ciudad es rica en hierro o cobre o lino, ¿dónde lo colocará si no llega a un trato con los Amos del mar? Efectivamente, de todos estos materiales salen precisamente mis barcos: de aquí, la madera; de este, el hierro; de otro, el lino; de aquel, la cera. **12** Además de esto, impedirán las exportaciones a todos los que sean nuestros adversarios, o no circularán por el mar. Y yo, no haciendo nada, lo obtengo todo de todas partes gracias al mar, mientras que ninguna otra ciudad tiene dos de estas materias primas: la misma no tiene madera y lino, sino que, donde hay lino en abundancia, la tierra es llana y desarbolada; y cobre y hierro no hay en la misma ciudad ni los otros dos materiales, o tres, en una sola ciudad, sino que esto aquí, eso allí.

13 Y para colmo, pegado al continente siempre hay un promontorio saliente o una isla con playas o un estrecho, de manera que los Amos del mar pueden fondear allí y hostigar a los habitantes de tierra firme.

14 Una sola cosa les falta: en efecto, si los atenienses fueran talasócratas isleños, les sería fácil hacer daño a otros si quisieran, mientras dominen el mar, sin sufrir nada, sin ver sus tierras saqueadas o invadidas de enemigos. Tal y como están las cosas ahora, los granjeros y los ricos hacendados atenienses tienden a congraciarse con los enemigos, mientras que el pueblo, puesto que sabe que no van a incendiar ni a saquear nada suyo, vive sin miedo y sin mostrárseles servil. **15** Además de esto, si habitaran una isla, se verían libres de otro miedo: que alguna vez fuera traicionada la ciudad por unos pocos oligarcas que abrieran de par en par las puertas, y les arrollaran sus enemigos. Porque, ¿cómo podría sucederle esto a unos isleños? Ni que nadie se rebelase contra el pueblo, si vivieran en una isla. En la situación actual, si algunos elementos oligárquicos dieran un golpe de mano, se alzarían poniendo su esperanza en los enemigos, con la intención de acogerlos por tierra. En cambio, si habitaran una isla, tampoco tendrían que temer esto. **16** Ahora bien, puesto que desde el principio no tuvieron la suerte de vivir en una isla, actualmente lo hacen así: depositan su propiedad en las islas, confiados en la hegemonía marítima, y miran hacia otro lado frente a la devastación del Ática, sabedores de que si, punzados, se dejan provocar, serán despojados de otros bienes mayores.

Impasses

17 Más aún, las ciudades oligárquicas deben por fuerza ratificar pactos y alianzas, y si no respetan los acuerdos o alguien incurre en agravio, están los nombres de aquellos pocos que concertaron los acuerdos. En cambio, de todo lo acordado por el pueblo, éste puede perfectamente descargar la responsabilidad sobre uno solo: el que tomó la palabra en la Asamblea e incluso el que propuso la votación, mientras que los demás protestan: «Yo no estaba presente», «a mí no me agrada eso», siendo «eso» lo que les es comunicado que fue aprobado en Asamblea plena; y si no les parece bien, encuentran infinidad de excusas para no hacer lo que no quieren. Pero si resulta que de una decisión del pueblo algo sale mal, el pueblo culpa a unos pocos hombres acusándolos de echarlo a perder actuando en su contra, mientras que si sale bien, se atribuyen a sí mismos la iniciativa.

18 A su vez, no toleran los insultos ni las críticas al pueblo en las comedias, para no ofenderse ellos mismos, pero si un individuo la emprende contra un particular, lo alientan, porque saben que el embromado en una comedia no es, ordinariamente, del pueblo ni de la masa, sino alguien con dinero, de buena familia o con poder. La verdad es que muy pocos de los ridiculizados en las comedias son pobres o de las clases populares, y si sucede se trata de entrometidos o arribistas que aspiran a tener más que el pueblo, de modo que en estos casos no se molestan porque los susodichos sean escarnecidos por los comediantes.

19 Por consiguiente, yo afirmo que el pueblo de Atenas conoce perfectamente quiénes de entre los ciudadanos son personas de bien y quiénes gentuza, y que sabiéndolo estiman a los que les son útiles y simpatizantes, aunque sean chusma. A los mejores más bien los odian, porque consideran que la virtud de estos no es innata para el bien propio del pueblo, sino para su mal.

B: También sucede lo contrario, que algunos se posicionan como realmente de parte del pueblo, no perteneciendo por naturaleza a las clases populares.

A: 20 Por mi parte, comprendo perfectamente que el pueblo tenga su democracia: al fin y al cabo, a cualquiera se le disculpa que se afane bien en su propio interés. Pero aquel que no perteneciendo al pueblo ha preferido vivir en una ciudad democrática antes que en una oligárquica, este va a delinquir y sabe que a un canalla le es más fácil pasar desapercibido en una ciudad democrática que en una oligárquica.

III.1 En suma, con relación al sistema político de los atenienses, no apruebo su organización, pero una vez que decidieron gobernarse democráticamente, me parece que preservan bien la democracia usando los procedimientos que yo acabo de exponer.

B: Pero veo también que algunos censuran a los atenienses porque a menudo allí un individuo que lleve esperando sentado un año no ve llegar el momento en que su caso sea resuelto por el Consejo o el pueblo.

A: Esto sucede en Atenas por una razón muy sencilla: con la cantidad de asuntos no dan abasto para atender y despacharlos a todos. 2 Porque, ¿cómo podrían si, primero, tienen que celebrar tantos festivales como ninguna de las ciudades griegas (y durante los cuales es casi imposible que alguien se ocupe de asuntos oficiales) y encima dirimir tantas causas privadas y públicas y rendiciones de cuentas de magistrados como no dirimen todos los seres humanos juntos, y el Consejo deliberar sobre tantísimos asuntos de las operaciones militares, tantísimos sobre los ingresos del erario, sobre implantación de leyes, sobre los que suceden siempre en las ciudades, tantísimos otros sobre los aliados y la recaudación del tributo, además de ocuparse del mantenimiento de astilleros, arsenales y templos? ¿Sorprende acaso que con tantos asuntos que gestionar no puedan atender a todo el mundo?

B: 3 Pero algunos dicen: «Si se llega uno al Consejo o a la Asamblea dinero en mano, se les atenderá».

A: Y yo estaría de acuerdo con ellos en que, en Atenas, se pueden gestionar muchas cosas con dinero, y se gestionarían aún más, si hubiese más gente que lo pagara. No obstante, estoy convencido de que la ciudad no es capaz de gestionar todas las peticiones, ni siquiera si alguien les ofreciera todo el oro y plata del mundo.

4 También hay que juzgar los casos de quien no repara su barco o construye en terreno público; y además de esto dirimir demandas de coregos todos los años para las Dionisias y Targelias y Panateneas y Promethias y Hefestias; y cada año son nombrados cuatrocientos trierarcos y todos los años fallar sus recursos, y además, examinar los cargos y juzgar conflictos, comprobar el expediente de los huérfanos y nombrar los guardianes de prisiones, 5 eso todos los años. De vez en cuando hay que juzgar las elusiones del servicio militar y si sucede otro delito imprevisto, si alguien ha cometido irregularidades fuera de lo común o una impiedad clara. Y omito aún muchas más cosas, si bien se ha pasado revista

a lo más importante excepto las tasaciones del tributo, lo que sucede, en general, cada cuatro años.

B: 6 Vamos a ver una cosa, entonces, ¿debemos creer que no es necesario resolver todos estos casos?

A: Pues que alguien diga qué es lo que no hay que tratar ante los tribunales allí. De nuevo, si estamos de acuerdo en que hay que resolver todos los casos, es forzoso que sea a lo largo de todo el año, aunque ni siquiera ahora, con juicios todo el año, consiguen ir por delante de los delincuentes, por la gran cantidad de individuos.

B: 7 Efectivamente, claro, pero alguien dirá que sí, que alguien tiene que juzgar todo esto en los tribunales, pero que el número de jueces se reduzca.

A: Pues bien, si no se disminuye entonces el número de tribunales, forzosamente habrá pocas personas en cada tribunal, de modo que será fácil confabularse con unos pocos jueces y sobornarlos a todos para que juzguen con menos justicia. 8 Y además de esto hay que pensar que los atenienses deben guardar sus fiestas, en que no se permite celebrar juicios.

B: Y por cierto, celebran el doble de fiestas que los demás.

A: ¡Pero si yo estoy suponiendo el mismo número de festivales que la ciudad que menos celebra! Estando así las cosas, por consiguiente, afirmo que no es posible que la situación en Atenas sea de otra manera que como ahora está, excepto que se puede quitar un poco de aquí y añadir algo allá; lo que no se puede es cambiar demasiado sin recortar sustancialmente la democracia. **9** Porque idear muchas innovaciones para optimizar el sistema es posible, pero no es nada fácil encontrar una forma de gobierno mejor queriendo sin embargo conservar la democracia, a no ser, como he dicho hace un momento, que se quiten o añadan pequeños detalles.

B: **10** En mi opinión, los atenienses se equivocan al tomar partido por los peores en las ciudades enfrascadas en un conflicto civil.

A: ¡Pero esto lo hacen adrede! Si se pusieran de parte de los mejores, no escogerían a los que tienen las mismas ideas que ellos. Efectivamente, en ninguna ciudad los mejores son afectos al pueblo, en cambio, en todas las ciudades es afecto al pueblo lo peor, porque los iguales simpatizan con sus iguales. Por eso los atenienses prefieren lo más afín a ellos mismos. **11** Siempre que optaron por los mejores, no les salió bien, [...] sino que, al poco tiempo, el pueblo de los beocios fue esclavizado. O cuando se sumaron a los mejores de los milesios, y al poco tiempo fueron abandonados y los hicieron pedazos; o cuando escogieron a los espartanos en vez de a los mesenios, y al poco tiempo, después de someter a los mesenios, los espartanos declararon la guerra a los atenienses.

B: **12** Se podría objetar que nadie en Atenas ha sido privado injustamente de su ciudadanía, pero yo afirmo que hay algunos que han sido desposeídos.

A: ¡Pero estos son pocos, **13** y no pocos hacen falta para atacar la democracia en Atenas, en las condiciones actuales!

B: No vale la pena ocuparse de aquellos individuos que han sido justamente desposeídos de sus derechos, ¡sino de quienes lo fueron injustamente!

A: ¿Cómo se puede pensar que la mayor parte de los privados de ciudadanía en Atenas lo fueron injustamente, si es el pueblo el que controla las magistraturas? En Atenas, se priva de derechos políticos a los que prevarican en sus cargos o a los que hablan o toman decisiones sin justicia. Si se ha comprendido esto, no se debe pensar que los desposeídos de su ciudadanía son un peligro en Atenas.

Traducción literal anotada

Guía para la lectura

A - B	Interlocutores del (supuesto) diálogo.
Sobre la democracia	Títulos de secciones.

Uso del asterisco:
*plebe	Sobre una palabra castellana, el asterisco sugiere otras posibilidades de traducción.
[*dêmos]	Sobre una palabra griega transcrita, entre corchetes, se remite al glosario.

Uso de corchetes:
[I, 1] [14]	Número de capítulo y párrafo.
[*ponêroi*]	La palabra griega del texto, en el caso gramatical en el que aparece, en cursiva.
[puerto del]	Aclaraciones y adiciones en castellano (en contadas ocasiones).

El sistema político de los atenienses[1]
Traducción literal anotada

Sobre la democracia[2]

A: [I, 1] Pero[3] con relación al sistema político de los atenienses, que hayan elegido esta forma de gobernarse, no lo apruebo *no lo aplaudo por esto: porque, al elegirla, eligieron[4] que la

---

1 Canfora traduce *politeía*, «sistema político»; tradicionalmente es «constitución». Puede ser «forma de gobierno» y «Estado». Etimológicamente se refiere a *pólis* (ciudad-estado), al sistema de gobierno de los ciudadanos de la misma (véase glosario). En España se ha traducido (Galiano, Guntiñas) como «República», entre otras cosas para distinguir este opúsculo de la obra de Aristóteles de igual título; también «régimen» (Fernández-Galiano en I, 1), de connotaciones quizás negativas. Recuérdese (véase introd.) que la *politeia* es un género en el que difícilmente entra el texto pseudojenofonteo. En mss. AM aparecía el autor: «Del orador Jenofonte».
2 Los títulos de las cuatro secciones son añadidos posteriores: «Sobre la democracia», «Sobre los aliados», «Sobre el dominio del mar» y «Aporías» (o «Impasses», «puntos muertos»).
3 La partícula orig. *de* (aquí «pero»; significa también «y») no debe omitirse. En la transmisión antigua, el opúsculo seguía a la *Const. de los Lacedemonios*, y hay otros usos paralelos en Jenofonte (el inicio de la *Apología* de Sócrates). Da un tono conversacional, no necesariamente enlaza con lo anterior.
4 La repetición (*heilonto... helomenoi heilonto*) puede ser efecto de escritura rápida o notas; es un rasgo de este «estilo» desmañado. Véase introducción.

chusma *los peores [*ponêrous] estuvieran mejor que los que valen *los mejores *la gente de bien [*chrêstous].⁵ Por esto no lo apruebo. Pero ya que lo decidieron así, cómo preservan bien este sistema de gobierno y gestionan [bien] las demás cosas en lo que al resto de los griegos les parece que se equivocan... esto lo voy a demostrar.⁶

[2] Pues bien, en primer lugar diré esto: que es justo⁷ que allí⁸ los pobres y el pueblo [*dêmos] salgan mejor librados que los nobles [gennaiôn] y los ricos [plousiôn], *por esto *por una razón muy sencilla: porque es el pueblo el que rema en los barcos y dota de fuerza a la ciudad⁹, y los timoneles y los cómitres

---

5 Ver glosario e introducción para un comentario de las dificultades de traducción de estas palabras.
6 Marr–Rhodes (usaremos la abreviatura «MR»), pp. 59-60: «...and also transact their other public business». Dos temas: cómo preservan la *politeia*, cómo gestionan los asuntos públicos. I, 1 («demostraré») es retomado en III, 1 («[de]mostré»). El problema de este pasaje es «las demás cosas», ¿cuáles? «Asuntos públicos», quizás. Sin «*tâlla*» sería menos complicado, entonces *ha* (el relativo) sería interno y se traduciría todo: «cómo preservan bien su *politeia* y gestionan [bien] los asuntos públicos, en todos los aspectos en los que al resto de los griegos les parece que se equivocan».
7 Hay varias posibles lecturas del pasaje (*dikaiôs, dikaious', dikaioi*, etc.), con efectos en la traducción, claro: no es lo mismo «los pobres y el pueblo consideran justo» (Ramírez, véase su nota explicativa en 2005: p. CXXXIX) que un «es justo», que puede implicar un «me parece, creo que». Se puede eludir no traduciendo (Guzmán). Una u otra traducción conlleva un matiz obvio importante. El problema se repite un poco más abajo: «a todos les parece justo participar» o «es justo que participen todos». Opto por la actitud conservadora de Galiano. En I, 6 hay un «también en este punto toman la mejor decisión» (*kaì en toutô árista bouleúontai*) igual en los textos.
8 «Allí», i. e., Atenas. También se ha discutido si ese «allí» se refiere a dentro o fuera de Atenas. De nuevo, remitimos a la introducción.
9 *Perititheis*: «rodean» (así Guntiñas), «ponen alrededor de». *Dýnamin* es fuerza; también «poder», pero puede leerse como «fuerza de trabajo», si se lee así Platón, *República* 371e (Rosenberg 11). Como siempre, mejor no «sobreinterpretar»: que el pueblo dota de tripulación a la ciudad, construye murallas, etc.

y pentecontarcos [comandantes de cincuenta hombres] y los proeles y armadores: esos son los que dan su fuerza a la ciudad mucho más que la infantería pesada [hoplitas], los nobles y los mejores. Y puesto que así están las cosas, parece que es justo que todos tengan acceso a los cargos *magistraturas *mandos [*archôn], tanto en los sorteos [*klêrô] en curso como por elección a mano alzada [*cheirotonía], y que se le permita hablar al que quiera de los ciudadanos.[10] [3] Luego están aquellos cargos que, bien gestionados, aportan seguridad, pero que, mal desempeñados[11], ponen en peligro al pueblo entero: en estas magistraturas [archôn] el pueblo no exige para nada participar; no creen necesario tomar parte en un sorteo ni de puestos de general ni de comandante de la caballería[12]: porque el pueblo sabe[13] que es más ventajoso que él mismo no desempeñe estos cargos [archein - archas], sino dejar que se encarguen los más capaces *poderosos.[14] Las magistraturas que comportan salario [*misthoforías] y beneficios para el propio peculio, estas las busca el pueblo para ejercerlas. [4] Luego, aquello de que algunos se quedan perplejos ante el hecho de que por todas partes asignen más puestos[15] a los plebeyos

---

10 Hablar en la Asamblea o *ekklêsía*, se sobreentiende.
11 *Chrêstai ousai - mê chrêstai*: Nótese el uso de la palabra favorita del autor, aplicado ahora a las magistraturas o cargos.
12 Los puestos de general y de comandante de la caballería no se sorteaban. A no ser que se interprete otra cosa (fecha, error, etc.), el sentido parece: «El pueblo no cree que deban sortearse los puestos de general e hiparco» (sino que sean elegidos). Pero es mezquino decir que es solo por interés.
13 *Gignôskei*, «sabe»: aparece una docena de veces con *dêmos*; es palabra clave (MR 65).
14 *Dýnatos*, en general, es «poderoso» (y «pudiente»), pero también, «capaz»; si se considera la ideología aristocrática del Viejo Oligarca, se entiende el juego de palabras.
15 «Asignen» o «repartan», lit. *pleon nemousi*, tan vago como el *pleón echein* (tener más) del inicio. Aquí se refiere a puestos legales.

[*ponêrois*], a los pobres y a los populares [*dêmotikois*]¹⁶ que a las gentes de bien: [se verá que *no ven que] en esto mismo se muestran salvaguardando la democracia. Porque los pobres y las gentes comunes y también los inferiores¹⁷, estando bien y propagándose en número, acrecientan la democracia¹⁸; pero si los que están bien son los ricos y las personas de calidad, los demócratas fortalecen contra sí mismos a lo opuesto a ellos: [5] y en toda la faz de la tierra lo mejor es opuesto a la democracia¹⁹, pues en los mejores hay un mínimo de libertinaje y delincuencia²⁰ y un rigor máximo *una gran rectitud para con las cosas valiosas [*chrêsta*]; en el pueblo, por el contrario, sobra tanta ignorancia [*amathía*] como desorden y bajeza [*ponêría*]; porque la pobreza les lleva al vicio *a cometer desvergüenzas, y la falta de educación e incultura [*amathía*] por falta de dinero de algunos hombres²¹.

---

16 *Dêmotikoi*: a veces los demócratas, a veces los partidarios del *dêmos*. «Populares» es lo mejor, a pesar de recordar a Roma. L. Sancho sugiere «filopopulares».
17 Lit. *hoi cheírous*, comparativo de *chérês* (que significa «peor, inferior, de peor clase o condición»). La evaluación es moral.
18 Galiano no entiende «hay más pobres», sino «hay más pobres prósperos». MR (p. 67) sí ven referencia a un incremento en la tasa de natalidad.
19 La afirmación recuerda el discurso de Alcibíades en Esparta (Tucídides VI, 89). Véase introducción.
20 Lit. *Akolasía*: «descontrol, intemperancia, indisciplina, desenfreno», y *adikía*, «injusticia, ilegalidad, ofensa».
21 La pobreza, para el Viejo Oligarca, embrutece y degrada moralmente, lo que discapacita para la política. El retrato siguiente de una masa ávida de ganancias y fiestas, ilustrará su pensamiento. La ideología aristocrática se mezcla a una observación «sociológica» (cf. MR, p. 67) sobre la relación entre recursos económicos y educación –suele decirse–, pero no estoy tan seguro de la inteligencia de la reflexión ni de dónde se separa lo ideológico de lo «científico» u «objetivo» (si está).

B: [I, 6] Alguien podría decir que no se les debería permitir hablar a todos por igual[22], ni deliberar en el Consejo[23], sino solo a los hombres más inteligentes y a los mejores [*arístous*][24].

A: Sin embargo, también en este punto toman la mejor decisión al permitir hablar incluso a los más miserables [*ponêrous*]. Pues si hablaran y fueran miembros del consejo [sólo] las personas de calidad [*chrêstoi*], obtendrían lo bueno *bienes *ventajas para los iguales a ellos mismos, pero no lo bueno para los demócratas, mientras que ahora, levantándose cualquiera para hablar[25], un individuo de baja estofa [*ponêros*] procura lo ventajoso para sí y para los iguales a él[26].

B: [7] Uno podría objetar: Pero ¿qué sabe un tipo semejante lo que le conviene a él o al pueblo?

---

22 Guntiñas: «por turnos»; Galiano: «O, según los manuscritos, "sucesivamente"».
23 Lit. *bouleuein*, en la *boulê* o Consejo (ver glosario), quizás también en la Asamblea.
24 Cf. Sócrates y Platón, ambos partidarios de que la política es asunto de expertos cualificados.
25 *Legôn ho boulómenos anastás*: «Al poder hablar quienquiera tras levantarse». Cuando se reunía la Asamblea, el presidente, en nombre del Consejo de los Quinientos, exponía las cuestiones que se iban a discutir, ya que no se debía deliberar sino acerca de asuntos anunciados de antemano y ya examinados por el Consejo. Luego leía la proposición redactada por éste y preguntaba a la Asamblea si quería discutirla. Los asistentes respondían alzando las manos. Empezaba la deliberación: el heraldo decía en alta voz: «¿Quién quiere tomar la palabra?». «*Ho boulómenos*, le volontaire, "celui qui veut". Dans un contexte politique, l'expression désigne le citoyen qui a pris une initiative politique en proposant un décret ou une loi, en se portant accusateur ou *synègoros* [defensor, abogado] dans un procès public, ou en se portant volontaire au tirage au sort ou à l'élection des magistrats, ambassadeurs et autres officiels» (Hansen 450). La figura del *ho boulomenos* la creó Solón, al introducir el derecho de acusación por delito (contra la *pólis* o contra otro ciudadano).
26 Notan MR la crudeza de este argumento.

A: Ellos saben que la ignorancia y vileza [*ponería*] y parcialidad [*eunoia*] de ese individuo les es más ventajosa que la virtud, sabiduría y *hostilidad *malquerencia [*kakonoia*] de una persona de bien. [8] Cierto que una ciudad con ese género de vida[27] no será, quizás, la más perfecta... pero es que así es como mejor se conserva la democracia[28].

B: En efecto, el pueblo no quiere ser esclavo en una ciudad bien gobernada, sino ser libre y mandar, y el mal gobierno [*kakonomía*] poco le importa.

A: Pues lo que tú llamas «mal gobierno», de eso mismo se fortalece el pueblo y es libre. [9] Pero si buscas un buen gobierno[29], lo primero que verás es que los más inteligentes dictan las leyes[30] para ellos *en su [propio] interés[31]; luego, que los mejores

---

27 Quizás irónico. *Diaitêma* se refiere primero a la dieta y género de vida, luego a las costumbres. También se traduce «instituciones» (Guntiñas; Chambry), «principios» (Galiano), «way of life» (Bowersock), «reglas» (Ruiz).

28 Como irá resultando evidente al lector, en frases como esta puede leerse sorna y sarcasmo.

29 *Eunomía*: «buena ley»; cf. MR (71): «By the fith century the word could be used virtually as a synonym for the Spartan constitution»; cierto, pero Eunomía aparece también (p. ej.) en el frg. 3D de Solón. Y en Hesíodo es una de las Horas, hijas de Zeus y Themis, junto a Eirene (Paz) y Dikê (Justicia). Cerca de este pasaje, en I, 11, se encuentra una referencia a Esparta. Podrían suponerse interlocutores espartanos.

30 Cleón, en el año 427: «Los hombres torpes administran muchísimo mejor las ciudades que los inteligentes» (Tuc. III, 37, 3). Es el debate de Mitilene, cercano a una de las dataciones del texto.

31 Ni Galiano ni Guntiñas traducen un *autois* del texto que Bowersock interpreta como «in their own interest», y Ruiz: «Pero, si se examina un buen gobierno, se verá, primero, que promulgan las leyes que más les favorezcan» (p. 109). Si es *autois* o *hautois*, no sabemos decidir, pero quizás es la trad. de Bowersock. Ramírez: «establecer leyes para ellos», véase nota p. CXLVI.

castigan a los peores[32] y que los mejores deliberan sobre la ciudad y no permitirán que unos tipos enloquecidos participen en el Consejo ni hablen en *ni asistan a la Asamblea [*ekklêsiázein]. Ahora bien, el resultado de estas buenas medidas sería que el pueblo rápidamente caería en la esclavitud.[33]

B: [10] Con los esclavos y metecos [*metoikôn][34] en Atenas hay un descontrol [akolasía] enorme: allí, ni se puede golpear ni te cederá el paso un esclavo.[35]

A: El porqué de esta costumbre local te lo voy a explicar yo: si un libre pudiera legalmente pegarle a un esclavo –o a un meteco o a un liberto–, muchas veces, tomándolo por un esclavo, acabaría golpeando a un ateniense[36]; pues el pueblo allí no viste mejor que los esclavos y los metecos, ni siquiera tienen mejor aspecto *son mejor parecidos *son más guapos[37]. [11] Y si hay alguien

---

32 *Kolásousin hoi chrêstoi tous ponêrous*: retoma la «akolasía» de I, 5. Pero, ¿cómo castigan, por qué? Quizás por ser lo que son, o por devolverles sensatez por medio de *kolasis* (o *kolasma*), «corrección, castigo». Pero puede referirse a que en una oligarquía, solo unos pocos –los mejores– legislan, imparten justicia y deliberan.
33 De este razonamiento se sigue que los inteligentes y mejores llegarían a privar a los peores del derecho a hablar y participar en la Asamblea. Este cinismo se contrapone a la cuestión de la *atimía* en III, 12-13.
34 Extranjeros residentes en Atenas, sin ciudadanía, con legislación especial (véase glosario).
35 No está claro por qué cambia de tema; quizás por la palabra anterior «esclavitud». Los esclavos tenían en Atenas alguna protección legal. Llama la atención el que el Viejo Oligarca coloque juntos a grupos sociales con un estatus legal tan diferente: esclavos, libertos (sobre los que poco más se dice) y metecos. Esparta era xenófoba, dificultaba el asentamiento a los extranjeros y los expulsaba periódicamente.
36 «Algo tan absurdo y cínico que parece un chiste» (MR 75).
37 *Eidê*: forma, figura, imagen, aspecto; belleza (de una persona); encanto, donaire. Bowersock: «Tampoco son mucho más guapos» (nuestra trad.); otros: apariencia, aspecto o peinado. Sobre «mejor parecidos» o «guapos»: piénsese en la cara y aspecto

que se sorprenda de que allí permitan a los esclavos lujos y comodidades[38] e incluso a algunos *vivir como reyes *darse la gran vida, también esto parece que lo hacen por una razón: porque, donde el poder reside en la armada, la necesidad de ingresos les esclaviza a sus esclavos, para que yo *uno pueda sacar del trabajo de ellos las aportaciones, e incluso dejarlos ir libres *que consigan la libertad[39].

B: Pero en Esparta mi esclavo te teme.[40]

---

corporal que tendría un esclavo mal alimentado, mal vestido, mal dormido, sucio y estresado. En Atenas los esclavos no tenían que vestir de forma diferente a los libres; los marinos y trabajadores andarían con sus ropas de trabajo; el pelo largo –que dificulta el trabajo manual, p. ej., en un barco o en un taller– era más «espartano». El contraste con la terrible situación de los hilotas en Esparta sirve de contrapunto: sufrían palizas rutinarias, debían llevar gorras de piel de perro, ropas distintas y vivir subalimentados –pero la fuente al caso (Ateneo XIV, 657) puede ser una mala interpretación (cf. Marr-Rhodes 75). Los hilotas eran de propiedad comunal y podían ser liquidados por cualquier motivo en cualquier momento, incluso masacrados regularmente para reducir su población (véase tabla cronológica, el año 425; e introducción). Tal vez el Viejo Oligarca exagera, como en lo que sigue, para escandalizar a sus oyentes.

38 *Tryfé*: «Vida regalada», también en el sentido de molicie, afeminamiento e incluso, el matiz de lujo oriental, esto es, persa (véase Azoulay 2014: 100, 104); el texto insistirá en esta «degeneración».

39 Este texto está corrupto y hay varias traducciones posibles: la idea parece ser que la flota absorbe una gran fuerza de trabajo, para lo cual se usaba a esclavos que servían no a sus dueños sino al Estado, y del sueldo pagado, compensaban al dueño (*apophorá*). Para *andrapodois douleuein* sigo a Bowersock y Canfora: «To be slaves to the slaves», «essere schiavi degli schiavi per una ragione economica», i. e., «ser esclavo de los esclavos» (parece decirse: ¿pueden los atenienses caer más bajo?); Canfora traduce en primera persona: «per poter riscuotere quello che mi spetta sulle attivita del mio schiavo» (ed. como Kalinka, no Bowersock, sí Galiano, que traduce luego en tercera persona); Ramírez p. CXLVII-CXLVIII: «para que al cobrar [el patrón] reciba su parte»; se puede interpretar como una primera persona impersonal, quizás. Este pasaje fue usado para la datación del texto durante la guerra del Peloponeso (véase introducción).

40 El miedo era central en Esparta, debido a la gran inferioridad numérica de ciudadanos.

A: Si tu esclavo me tiene miedo, se sentirá en peligro y pagará de su dinero para no arriesgar su persona. Y donde hay esclavos ricos, allí ya no [me] beneficia [como amo] que mi esclavo te tema.[41] [12] Por eso hemos concedido libertad de palabra[42] también a los esclavos con respecto a los libres y a los metecos con respecto a los ciudadanos, porque la ciudad [*pólis*] necesita a los metecos no solo para ocuparse de infinidad de talleres[43], sino para la flota. Es por eso que también a los metecos, ¡y con razón!, les hemos concedido libertad de palabra.[44]

[13][45] El pueblo ha echado *ha acabado allí con los que se dedican a la gimnasia y a cultivar las artes de las musas[46], juz-

---

41 Fuerte contraste: los hilotas no tenían dinero, que se sepa. (El cambio de lugar de esta última frase (MR 79), contradice los manuscritos, pero aporta más coherencia al pasaje.)
42 *Isēgoría*: igualdad de palabra, derecho a hablar y a participar en las deliberaciones, pero el autor anónimo quizás se refiere a *parresía*, «hablar con franqueza, libremente» (MR 79, Ramírez CXLIX). En cualquier caso, hay algo de exageración.
43 *Technôn*: Talleres, talleres especializados. MR 42: «Por la gran cantidad de sus habilidades (*skills*)».
44 Esta primera persona del plural indica que el interlocutor procede de Atenas (cf. Marchant-Bowersock, etc.).
45 Canfora, siguiendo a Frisch, inserta aquí el pasaje de [II, 9-10], que Galiano supone «seguramente... una interpolación» (Galiano 10, nota 5). Lo dejamos tal cual, siguiendo los manuscritos.
46 *Gymnazoménous* y *mousikēn*: Gimnasia y música, si se prefiere, pero las implicaciones son más amplias: cuidado del cuerpo y del alma. Aunque se pueda traducir «los que se dedican a la gimnasia y los que cultivan la música», como dos ocupaciones diferentes (profesionales) para dos tipos de personas, lo más probable es que sea (o también) una referencia a la educación ideal cuerpo-alma... para los que puedan costearla. Compárese con lo que se dijo antes sobre la «ignorancia», «incultura» e «intemperancia» de los plebeyos. El comentario y traducción de MR («lo han convertido en pasado de moda (have made it unfashionable)», 81) parecen fuera de lugar, pero no algo descabellado. Puede hacer referencia a los jóvenes con tiempo libre (*scholē*) para dedicarse a ir al gimnasio a ejercitarse, pero también a educarse (pues allí había maestros en diversas artes). *Katalýō* es «destruir» y puede tratarse de otra exageración falsaria del sensacionalismo de este oligarca acérrimo:

gando que esto no es bello [*kalón*], consciente de que no está a su alcance dedicarse a estas cosas.⁴⁷ En cambio, si se trata de coregías, gymnasiarquías y trierarquías⁴⁸, saben que son los ricos los que costean un coro del que el pueblo disfruta doblemente⁴⁹, que son los ricos los que pagan los deportes y trirremes en los que el pueblo participa y en las que navega. Y así se creen dignos de cobrar en metálico, el pueblo, por cantar, correr, bailar y bogar en las naves, para que él tenga y los ricos se empobrezcan más *para que los pobres sean ricos y los ricos,

---

considérese que en Esparta el deporte era un deber cívico gestionado por la *pólis*. En Andócides IV, 39, «Contra Alcibíades», aparece la expresión *ta gymnásia katalyôn* (cita de Ramírez, p. CL, MR 81).

47 Aquí está la clave del pasaje: *kalós* tiene un sentido también, digamos, aristocrático (el tradicional y noble «*kalós kagathós*», «hermoso y bueno») y moral, y eso –plantea el Viejo Oligarca– no está al alcance de cualquiera conseguirlo, sobre todo porque no puede pagar una educación de élite. ¿Por qué Galiano tradujo *kalón* como «conveniente», sobre todo si en nota 3 (p. 5) señala esta historia? ¿Por qué dice que «otros extranjeros dedicados a las artes gimnásticas y literarias...», es decir, por qué no puede ser un problema en la ciudad? En cualquier caso, Bowersock señala que el texto griego de «esto no es bello [*kalón*], consciente de que» está corrupto y no está claro su sentido. Por cierto que todo el pasaje, una recriminación de incultura, contrasta con la existencia de las tragedias y comedias, que viene a continuación.

48 Se trata de las *leitourgiai* o imposiciones económicas a los ciudadanos acaudalados (véase glosario). Contrasta con lo anterior y la crítica es cínica, casi infantil: «¡Abolen la verdadera cultura, hacen que paguemos coros, tragedias y comedias...!»; se contradice. En el caso de los trirremes, es inexacto: «los tripulantes no estaban a sueldo del trierarco, sino del Estado» (ver Galiano 6, nota 1) (aunque es cierto que el trierarco podía motivar con dinero a los remeros). Esparta en el siglo V no era una ciudad culta e intelectual. Cabe imaginar aquí un público propenso a creerse la propaganda antidemocrática (Si el texto no es un ejercicio escolar).

49 Como figurante y espectador, por eso traduzco «doblemente». El pasaje tiene un juego de palabras intraducible [*gymnasiarchoûsin - triêrarchoûsin*] [*triêrarcheîtai –gymnasiarcheîtai*], en mi opinión cargado de sorna, que sonaría así: «...saben que los coregos son los ricos y que el pueblo es *coregeado*; que los ricos son los gymnasiarcos y trierarcos y que el pueblo es *gimnasieado* y *trirremado*». Véase glosario para «trirreme».

más pobres. E igualmente en los tribunales no les importa tanto la justicia como lo que les convenga.

Sobre los aliados

[14] Sobre los aliados, en cuanto al hecho de que en sus navegaciones *expediciones esos [los atenienses][50] delatan según les parece y odian a las gentes de calidad, sabiendo que es forzoso que el que domina sea odiado por el dominado, y que si los ricos y poderosos llegan a hacerse fuertes en las ciudades, muy poco tiempo durará el poder de «El Pueblo de Atenas»[51], por eso, efectivamente, despojan de forma humillante a la gente de bien de sus derechos de ciudadano[52], les

---

50 Todo este pasaje es problemático y no hay acuerdo en las lecturas. Primero: «The subject of *ekpléontes* is of course the Athenians, not the democrats in the allied cities, as Kalinka and Stail assume» (Gomme 1962: 53, n. 22). De acuerdo con ello (¿para qué la marina si no?), lo dejamos entre corchetes, aunque no está claro. Luego, hay un cambio de *hoti* (que) por *outi* (no). Galiano, Guntiñas y Bowersock interpretan una cosa, mientras que Canfora, otra, seguido por Ramírez: «En cuanto a los aliados, sin siquiera darse a la mar...» (p. 5; véase nota en CLI). Nuestra traducción sigue la opción conservadora de Galiano (y Guzmán y otros) de no corregir, si bien, resulta problemático el «según parece» (Ramírez CLI -CLII). La cuestión de la «opresión» de los aliados (hasta qué punto el apoyo de demócratas locales, los casos de Mitilene, o Melos, etc.) ha sido muy discutida y no es posible abordarla aquí. Sin duda Atenas exportaba, mantenía y forzaba democracias, lo que beneficiaba a los de abajo en otras ciudades, pero también «las clases altas atenienses se beneficiaron mucho del imperio» (MR 88). Por otro lado, es ingenuo considerar a los espartanos guerreros de la libertad.
51 «L'impero del "Popolo di Atene"», Canfora 21, resulta interesante: «Ho riportato sempre tra virgolette la formula "il Popolo di Atene", in quanto intenzionale parodia –a me pare– della consueta e martellante formula dei documenti ufficiali» (p. 39).
52 Prefiero la traducción de Canfora, «umiliano», «humillan». *Atimazo* no es sólo «privar del derecho de voto o político» (Galiano, Bowersock y Guntiñas), sino también quitar *timê*, deshonrar públicamente.

confiscan su dinero y los destierran y matan, engrandeciendo, en cambio, a la canalla.⁵³ Y los atenienses importantes, por el contrario, defienden en las ciudades aliadas a los que valen más, conscientes de que es bueno para ellos proteger siempre a los mejores en las ciudades.

B: [15] Alguien podría objetar que la fuerza de los atenienses depende de si los aliados pagan su tributo [*chrêmata eisférein*].⁵⁴

A: A los demócratas les parece mucho mejor que las contribuciones de los aliados las tenga cada individuo ateniense, y que aquellos tengan lo justo para vivir para que al [tener que] trabajar [más] no puedan conspirar.⁵⁵

B: [16] «El Pueblo de Atenas» parece equivocarse malamente también en este otro punto: los aliados están obligados a navegar hasta Atenas para resolver asuntos judiciales.⁵⁶

---

53 Nótese Platón, *República*, 557a: «Nace, pues, la democracia, creo yo, cuando, habiendo vencido los pobres, matan a algunos de sus contrarios, a otros los destierran y a los demás les hacen igualmente partícipes del gobierno y de los cargos, que, por lo regular, suelen cubrirse en este sistema mediante sorteo» (trad. Pabón-Galiano, 1981 (1949¹), Madrid, Centro de Estudios Constitucionales, p. 74, tomo III).
54 Se refiere a los tributos que debían pagar los miembros de la Liga ático-délica (véase el glosario).
55 Ver Galiano 6-7, nota 4. Todo el pasaje corta como un cuchillo: sería bueno que los aliados prosperasen y pudiesen contribuir con más dinero, pero los demócratas prefieren quedarse con lo que hay y mantenerlos arruinados para que no conspiren.
56 ¿Toda la justicia se desplaza a Atenas? De acuerdo con Bowersock (484, nota 1), la exactitud del autor aquí es bastante discutible. Remite a Ste. Croix («Notes on Jurisdiction in the Athenian Empire» (1961) y al punto de vista de los atenienses en Tuc. I, 77, 1 («pasaje difícil»). (Para L. Sancho, probablemente el autor exagera).

A: Pero ellos contraargumentan indicando[57] cuántos bienes hay en juego en esto para «El Pueblo Ateniense»: primero, el recibir [ellos] durante todo un año el salario de los jurados [*misthon*] de los depósitos legales del Pritaneo [*prytaneíôn*][58]; además, sentados en casa, sin viajes por mar, administran las ciudades aliadas y preservan *protegen a los del pueblo, y destruyen *despachan a sus oponentes en los tribunales. Si cada cual ventilara sus litigios en casa, puesto que están dolidos *resentidos con los atenienses, acabarían precisamente con quienes de entre ellos mismos fueran «Amigos del Pueblo Ateniense». [17] Y aparte de estas cosas, de que los pleitos de los aliados sean en Atenas, gana el pueblo ateniense esto: primero, que la tasa estatal del uno por ciento del [puerto del] Pireo es mayor; [18] segundo, al que tiene una hospedería le va mejor; y también al que tiene una yunta [para transporte] o un esclavo para alquilar[59]; y también los heraldos[60] salen ganando de las estancias de los aliados.[61] Y aparte de todo esto, si los aliados no viajaran para sus pleitos, honrarían únicamente a los atenienses que navegaran, es decir, a los generales, a los capitanes de trirremes [trierarcos] y a los embajadores; ahora *actualmente, en cambio, todos y cada uno de los aliados se ven obligados a adular a «El Pueblo Ateniense», conscientes de que, una vez llegado a Atenas, todo individuo debe demandar o sufrir justicia no ante personas cualesquiera sino ante el Pueblo mismo, que

---

57 *Antilogízontai*, verbo poco frecuente que recuerda las antilogías de Protágoras (Ramírez CLII) y a Antifonte.
58 «*The legal deposits they receive their jury pay throughout the year*: This is an absurd exaggeration» (MR 91).
59 El esclavo se alquila y el amo recibe el sueldo.
60 (1) Individuo que llama a los diferentes jueces a sus tribunales; (2) subastador.
61 Viajar conlleva el pago de un alojamiento, transporte, servicios y, quizás, pagos y/o regalos para agilizar trámites y proceso (cf. III, 1-3).

en Atenas es –naturalmente– Ley[62]. Además, se ve obligado a suplicar en los tribunales y a estrechar la mano del primero que entre. Por eso, en fin, los aliados del pueblo de los atenienses se han convertido más bien en sus esclavos.

Sobre el dominio del mar

[19] Por otra parte, debido a las posesiones en el extranjero y a los cargos en esos territorios han aprendido sin darse cuenta a manejar el remo ellos y sus esclavos; fuerza es, sin duda, que el hombre que navega con frecuencia agarre el remo, no sólo él sino también su esclavo doméstico, y que se aprenda los términos náuticos; [20] se convierten así en buenos marinos *pilotos por la experiencia en navegación y por su ejercicio: unos se ejercitan gobernando embarcaciones ligeras, otros barcos de carga y algunos pasan de ahí a las trirremes. Los muchos *la masa[63] son capaces de navegar *remar en cuanto embarcan en un buque, porque se han pasado la vida ejercitándose *entrenando.

[II, 1] [Paso ahora a tratar el asunto de[64]] la infantería pesada [*to hoplitikon*], lo que menos bien parece estar en Atenas, con la que pasa lo siguiente: aunque reconocen que son inferiores en número y peores que los enemigos[65], a los aliados que pagan

---

62 No interpretamos una glosa explicatoria, como Galiano («según es ley en Atenas») o MR («this indeed is the law at Athens»).
63 *Hoi polloi*: «Los muchos», denominación de, p. ej., Platón. Galiano: «La mayor parte». *Elaunein*: «impulsar».
64 El cambio de tema, como es habitual, es muy abrupto. El añadido es nuestro.
65 Canfora (p. 23): «Per quel che riguarda invece le forze di terra –che in Atene paiono sacrificatissime–, e indifferente per loro essere inferiori o superiori ai nemici in questo campo»; como E. Meyer, deja el texto de los mss [*meízous*]; Galiano acepta la modificación [*oleízous*] de Wilamowitz. Guzmán: «pero suelen alistar en él

tributo les superan por tierra y consideran que su infantería pesada basta si son superiores a los aliados. [2] Por otro lado, se da la circunstancia [natural] *la suerte de que los dominados por tierra pueden luchar juntos en una coalición de ciudades pequeñas, pero los dominados por mar, todos los isleños, no pueden unir sus ciudades en un levantamiento común, pues el mar está en medio y en él mandan los Amos del Mar *Talasócratas[66]. Y si los isleños pudieran reunirse en secreto para esto en una sola isla, morirían de hambre[67]. [3] Y cuantas ciudades del continente están sometidas a los atenienses, las grandes están sometidas por miedo, y las pequeñas por pura necesidad: pues no existe ninguna ciudad que no necesite importar o exportar nada; esto, efectivamente, no le será posible si no es súbdita de los Amos del mar. [4] Además, los dueños del mar pueden hacer lo mismo que, en ocasiones, los de tierra: asolar el territorio de los más fuertes, ya que es posible costear hasta un lugar donde no haya ningún enemigo o donde pocos y, si se acercan, embarcarse y zarpar. El que esto hace corre menos riesgos que el que acude en auxilio por tierra. [5] Además, los Amos del mar pueden zarpar de su territorio y alejarse en navegación lo que quieran, mientras que los de tierra no pueden alejarse a muchos días de camino, pues las marchas son lentas y al que va a pie no le es posible acarrear víveres para mucho tiempo. El que va a pie debe marchar por territorio amigo o vencer en combate *abrirse paso peleando, mientras que el que

---

[ejército], de aquellos aliados que les pagan tributos, a quienes destacan por sus fuerzas terrestres» (p. 150).
66 *Kratoûntes thalassokrátores*: nótese el pleonasmo; Bowersock traduce (pp. 489 y 495) «thalassocrats». Recuerda (MR 107) a Tuc. I, 143, 5, Pericles: *mega gar to tês thalássês kratos*.
67 Mitilene fue rendida por hambre en el 428-7.

navega puede desembarcar en donde sea más fuerte y, donde no lo sea, no desembarcar, sino costear hasta que llegue a territorio amigo o a fuerzas inferiores a la suya.[68] [6] Además, las enfermedades de los granos[69], que proceden de Zeus, los dominadores terrestres las aguantan con dificultad, mientras que los del mar fácilmente, porque no toda la tierra se infesta a la vez, y así, de zonas prósperas les llegan productos a los Amos del mar[70].

[7] Y si hace falta repasar menudencias, primero, por el dominio del mar han descubierto nuevas formas de vida regalada, al mezclarse con otros pueblos, pues cualquier cosa placentera *galguería, de Sicilia o Italia o Chipre o Egipto, Lidia, el Ponto o el Peloponeso, o sea, de cualquier parte, todo ello afluye a un solo lugar, por el dominio del mar.[71] [8] Segundo, al escuchar toda lengua [*fônên*] han cogido esto de esta, esto de la otra; y mientras los demás griegos tienen su particular dialecto [*fônêi*] y modo de vivir y de vestirse, los atenienses utilizan una mezcla tomada de todos los griegos y bárbaros.[72]

[9] En lo tocante a sacrificios, templos, fiestas y santuarios, puesto que el pueblo sabe que un individuo pobre no puede sacri-

---

68 Con relación a este pasaje, cfr. introd. la discusión sobre la datación del texto.
69 Es decir, malas cosechas, plagas.
70 La frase no tiene sujeto y Galiano añade «cosas». «De zonas prósperas»: Lit., el verbo es «florecer», lit. «de la tierra florecida, que florece». En el *arché* marítimo había mucho en juego: los cereales formaban la parte más importante de la dieta básica, tres cuartos de la nutrición anual, y el Ática era deficiente en grano por razones ecológicas, de forma que Atenas se veía obligada a importar casi 25.000 toneladas anuales de cereal para alimentar a su creciente población (Azoulay 74-75).
71 La ciudad de Atenas dependía para su abastecimiento de grano de las rutas del Mar Negro, pero también de Sicilia y Egipto. Será el bloqueo del 405 lo que aseste el golpe final a la metrópolis.
72 Nota *ad. loc.*, Galiano: «La afirmación es lingüísticamente inexacta». Guntiñas habla de *koiné* o lengua común de época helenística, como logro (n. 29, p. 306). *Fônê*, según traducciones, «lengua» o «dialecto». Cf. *supra* el «lujo» de los esclavos.

ficar y dar festines, erigir templos[73] y habitar una ciudad grande y hermosa, ha encontrado la manera de hacerlo todo realidad:[74] sacrifican públicamente *por orden oficial –la ciudad– muchas víctimas, pero es el pueblo el banqueteado *quien festeja y el que se reparte las porciones de los animales sacrificados[75]. [10] Y los gimnasios y baños y vestuarios, algunos ricos los tienen privados, pero el propio pueblo, también para su uso «privado»[76], se construye muchas palestras, vestuarios, baños; y de estas cosas disfruta más la masa [*ochlos*] que las personas selectas y los afortunados.

[11] La riqueza solo ellos pueden poseerla, de griegos y de bárbaros. Porque si una ciudad cualquiera es rica en madera para hacer barcos, ¿dónde la colocará si no llega a un trato con los «Amos del mar»? ¿Y qué? Si alguna ciudad es rica en hierro o cobre o lino, ¿dónde lo colocará si no llega a un trato con los

---

73 Brock-Heath (1995) proponen otra interpretación: «ritos»: *istasthai hiera*, «establish rites».

74 No sin razón, Canfora cambió de sitio este pasaje (II, 9-10), colocándolo tras I, 13. Para Galiano el texto está enrevesado y «habitar una ciudad grande y hermosa» puede ser una interpolación. Tal vez se trate de un sarcasmo: el *dêmos* sabe que los pobres –individualmente– no pueden celebrar fiestas religiosas, construir recintos sagrados, santuarios, etc., y usa dinero público para organizar todo esto... y además para tener una ciudad grande y hermosa; recuérdese que con los fondos de la Liga de Delos se pagaron las grandes obras públicas, los hermosos templos y estatuas de dioses y festivales religiosos. Es la misma queja de antes: los ricos y los aliados pagan (como si fueran esclavos), para que el pueblo ateniense lo pase bien (y aunque trabajan duramente en los barcos). La palabra clave (que aparece con otra forma en el párrafo anterior por primera vez y que reaparece abajo) es *euôcheísthai*: tratar con esplendidez (*euôchía*: buena vida, vida regalada, banquete).

75 Construcción extraña, *ad sensum*, quizás por motivos psicológicos: una tercera del plural («sacrifican») con un adverbio, [*dêmosíai*], que no corresponde a nuestro «públicamente», sino más o menos a un «por [orden d]el *dêmos*», seguida de un sujeto singular *polis*. La dejamos tal cual. Chambry traduce el final de este pasaje como: «et c'est le peuple qui prend part aux banquets et se partage les victimes en les tirant au sort», «sorteando las partes de las víctimas», *dialagchanôn ta hiereía*.

76 Ironía (comillas nuestras).

Amos del mar? Efectivamente, de todos estos materiales salen precisamente mis barcos: de aquí, la madera; de este, el hierro; de otro, el lino; de aquel, la cera.[77] [12] Además de esto, no permitirán que otros transporten *exporten a los que sean nuestros adversarios, o no circularán por el mar.[78] Y yo, sin hacer nada, de la tierra entera tengo todos estos productos gracias al mar, mientras que ninguna otra ciudad tiene dos de estas materias primas; la misma no tiene madera y lino, sino que, donde hay lino en abundancia, la tierra es llana y desarbolada; y cobre y hierro no hay en la misma ciudad ni los otros dos materiales, o tres, en una sola ciudad, sino que esto aquí, eso allí.[79]

[13] Y además de estos hechos, pegado al continente siempre hay un promontorio costero o una isla o un estrecho, de manera que los dueños del mar pueden allí fondear y hostigar a los habitantes de tierra firme. [14] Una sola cosa les falta: en efecto, si los atenienses fueran talasócratas habitando en una isla, les sería fácil hacer daño a otros si quisieran, sin sufrir nada, mientras dominen el mar,[80] y no ver sus tierras saqueadas o invadidas de enemigos. En la situación actual los agricultores

---

77 Lino para el velamen, cera para el calafateo. Nótese la familiaridad del autor con el tema (y «sus» barcos).

78 Todo este pasaje también lo interpreta Galiano (p. 11) como «embrollado» y lo traduce por el sentido. Yo creo que hay contundencia sin intención artística: no le veo sentido a intentar reorganizar la información. La idea es que los atenienses controlan el comercio, sobre todo de aquello que más les interesa: materiales de barcos (ver la trad. de Canfora 26, sin problemas, y Bowersock, y la discusión en Ramírez CLXI-CLXII.)

79 Hemos traducido literalmente el estilo desmañado. Cfr. Galiano: «Pasaje típico de la rudimentaria retórica del autor de este tratado; un literato más experimentado hubiera empleado un clímax: "ni hay tres, ni siquiera dos"» (n. 3, p. 11).

80 Guntiñas aquí (no Galiano ni Canfora) se hace eco de Bowersock: que la idea es parecida en Tuc. I, 143, 5 (como antes –quizás– las posibles alusiones a las operaciones en Pilos).

*granjeros y los ricos *hacendados atenienses tienden a atraerse a escondidas la benevolencia *ponerse más bien del lado de los enemigos, mientras que el pueblo, puesto que sabe que no van a incendiar ni a saquear nada suyo, vive sin miedo y sin congraciárselos *tener que allegarse a ellos[81]. [15] Además de esto, si habitaran una isla, se verían libres de otro miedo: que alguna vez fuera traicionada la ciudad por unos pocos y que las puertas fueran abiertas y les arrollaran sus enemigos. Porque, ¿cómo podría esto suceder viviendo en una isla? Ni que nadie se rebelase contra el pueblo[82], si habitaran una isla; en la situación actual, si [algunos elementos oligárquicos] dieran un golpe de mano [*stasiásaien*], se alzarían [*stasiáseian*] poniendo su esperanza en los enemigos, con la intención de traerlos por tierra; pero si habitaran una isla, tampoco tendrían que temer esto. [16] Ahora bien, puesto que desde el principio no tuvieron la suerte de vivir en una isla, actualmente lo hacen así: depositan su propiedad en las islas, confiados en la hegemonía marítima, y *miran hacia otro lado *vuelven la cara[83] a la devastación del Ática, sabedores de que si *se dejan provocar *sienten duelo de esta, serán despojados de otros bienes mayores.

Impasses

[17] Aún más, las ciudades oligárquicas deben por fuerza ratificar las alianzas y los juramentos; si no mantienen los

---

81 *Hypérchontai / hyperchómenos*, el verbo significa «deslizarse, adular, conseguir engañar, atacar»; «buscar atraerse la benevolencia de» (Ramírez CLXIII).
82 *Stasiásai tô dêmô*: ver glosario. Hemos traducido con sinónimos para ofrecer posibilidades.
83 *Periorôsi*: La idea de este verbo es «mirar con indiferencia o inquietud, permitir». Véase introducción.

acuerdos, o alguien incurre en delito *agravio [adikê] [...], [están] los nombres de los pocos que concertaron los acuerdos.[84] En cambio, de todo lo acordado por el pueblo, éste puede perfectamente cargar la responsabilidad a uno solo: al que interviene y [o al que] propone la votación–, [y] los demás negar: «yo no estaba presente», «a mí no me agrada eso», [siendo «eso»] lo que les es comunicado que fue aprobado en Asamblea plena; y si no les parece bien, encuentran infinidad de excusas para no hacer lo que no quieren. Pero si resulta que de lo que el pueblo decidió algo sale mal, el pueblo culpa a unos pocos hombres acusándolos de echarlo a perder actuando en su contra, mientras que si sale bien, se atribuyen a sí mismos la iniciativa.

[18] A su vez, no permiten insultar y burlarse del pueblo en las comedias, para no ofenderse ellos mismos, mientras que, si es un particular, alientan al que quiera hacerlo con otra persona, porque saben que el embromado en una comedia no es, ordinariamente, del pueblo ni de la masa, sino rico o noble o poderoso, y que muy pocos de los pobres y de las clases populares son ridiculizados en las comedias, y estos ni siquiera [lo serían], si no [fuera] por intrigantes *entrometimiento *meterse en todas partes y por *ansiar *aspirar a tener más que el pueblo, de forma que tampoco se molestan porque estos sean escarnecidos en las comedias.

[19] Por consiguiente, yo afirmo que el pueblo de Atenas sabe bien quiénes de entre los ciudadanos son personas de valor y quiénes chusma, y que sabiéndolo estiman a los que son simpatizantes y útiles, incluso si son gente de baja estofa, y a los mejores

---

84 Pasaje mal conservado. Ver las notas *ad loc.* de Galiano (p. 13), Canfora (pp. 28-29) (para Bowersock 497 y Guntiñas 308 el sentido está claro). Lo que sigue es un pasaje de difícil interpretación (cf. MR 126-131, Ramírez CLXIII-CLXV).

más bien los odian,[85] porque consideran que la virtud de estos no es innata para el bien propio [del pueblo], sino para su mal.

B: También sucede lo contrario, que algunos, aun estando como realmente de parte del pueblo, no son de las clases populares en cuanto a su naturaleza.[86]

A: [20] Por mi parte, entiendo perfectamente[87] que el pueblo tenga su democracia [*dēmokratía*]: al fin y al cabo, a cualquiera se le disculpa que se afane bien en su propio interés. Pero aquel que no perteneciendo al pueblo ha preferido vivir en una ciudad democrática antes que en una oligárquica [*oligarchouménē*], este se dispone a delinquir y sabe que *al malvado *a un canalla [*kakô*] le es más fácil pasar desapercibido en una ciudad democrática que en una oligárquica.[88]

[III, 1] [En suma,] con relación al sistema político de los atenienses, no apruebo su organización, pero una vez que [se] decidieron *por el poder del pueblo *gobernarse democráticamente [*dēmokrateîsthai*], me parece que protegen *salvaguardan bien la democracia usando los medios que yo he descrito.

---

85 Canfora, p. 29, acomoda su trad. al frg. 63 (Diels-Kranz) de Critias: «La gente dabbene la odia *proprio in quanto per bene*».
86 Frase (otra), problemática, con dos traducciones posibles: Guntiñas, Galiano, Bowersock: «También ocurre lo opuesto a esto, y algunos, realmente partidarios del pueblo, no pertenecen al pueblo por naturaleza [por clase]». Canfora y Kupferschmid (cit. Galiano 14 n. 2): «Algunos que procediendo realmente del pueblo, no son demócratas por naturaleza (por carácter y actuación; y a estos no les odia el pueblo, como a los oligarcas genuinos, porque les falta virtud)»; Ramírez (CLXVI) sigue a Canfora. Parece lo primero, si se toma *dêmou* (pueblo) como concepto político y *fýsis* como biológico, «por nacimiento» (y como acusativo de relación). Además –explica Galiano–, lo que sigue se adapta bien a esta interpretación; igual MR 137.
87 *Syggignôskô:* Este verbo significa comprender, reconocer, estar de acuerdo, perdonar.
88 Aquí dejo un punto y aparte, como Bowersock y Guntiñas.

B: Pero veo también que algunos censuran a los atenienses porque a menudo allí un individuo que lleve esperando sentado un año no ve que su caso llegue a resolverse por el Consejo [*boulê*] o el pueblo.

A: Esto sucede en Atenas por una razón muy sencilla: con la cantidad de asuntos no dan abasto para gestionar y despacharlos todos. [2] Porque, ¿cómo podrían si, primero, tienen que celebrar tantos festivales *fiestas [*heortásai heortas*] como ninguna de las ciudades griegas (y durante los cuales es casi imposible que alguien se ocupe de asuntos oficiales), y encima dirimir tantas causas privadas y públicas y rendiciones de cuentas de magistrados como no dirimen todos los seres humanos juntos, y que el Consejo delibere muchos asuntos sobre la guerra[89], muchos sobre ingresos del erario, muchos sobre implantación de leyes, muchos sobre los que suceden siempre en las ciudades, muchos sobre los aliados y recaudar el tributo y el mantenimiento de astilleros *arsenales y templos? ¿Es acaso sorprendente que con tantos asuntos que gestionar no puedan atender a todo el mundo?

B: Pero algunos dicen: [3] «Si se llega uno al Consejo o al pueblo[90] dinero en mano, se les atenderá».[91]

---

89 ¿La guerra del Peloponeso (431-404 a. n. e.)? Esta alusión se ha usado por algunos para fechar la obra.
90 Aquí equivale a «asamblea popular».
91 En este pasaje se vuelve al tema de la injusta e interesada localización de tribunales en Atenas (véase introducción). Sobre el tipo de «soborno», más bien «untos», «mordidas», «small bribe-taking–tips» (Marr-Rhodes), «propinas», ver la discusión y bibliografía en MR 148-149, quienes dudan de que fuera en los jurados y no los funcionarios o magistrados encargados del orden de asuntos; el sorteo y rotación de cargos evitaría la generalización y el asentamiento de tales prácticas. El mismo autor expresa algo de esto más adelante.

A: Y yo estaría de acuerdo con ellos en que, en Atenas, se gestionan *consiguen muchas cosas con dinero, y que aun más se conseguiría si todavía más personas pagaran *dieran dinero. No obstante, estoy convencido de que la ciudad no es capaz de gestionar[92] todas las peticiones, ni siquiera si alguien les ofreciera todo el oro y plata del mundo. [4] También hay que juzgar los casos de quien no repara su barco o construye en terreno público; y además de esto dirimir demandas de coregos[93] todos los años para las Dionisias y Targelias y Panateneas y Promecias y Hefestias; y cada año son nombrados cuatrocientos trierarcos[94] y todos los años fallar sus recursos, y además, examinar [*dokimásai*] los cargos y juzgar conflictos, comprobar el expediente [*dokimásai*] de los huérfanos y nombrar los guardianes de prisiones,[95] [5] eso todos los años. De vez en cuando hay que juzgar las elusiones del servicio militar *deserciones[96] y si sucede otro delito imprevisto, si alguien ha cometido un acto de arrogancia [*hybrisôsi–hybrisma*][97] fuera de lo común o un delito contra la

---

92 Galiano supone aquí una laguna; Guntiñas sigue a Bowersock y Marchant, es decir, no hay laguna. Pero Galiano señala que el *dióti* por *hóti* «choca, en un autor tan antiguo». *Diapráttesthai, diapraxai,* cf. I, 1, *diaprattontai.*
93 Los designados como coregos podían aducir que a otros, más ricos, les corresponde el nombramiento (si el otro lo niega, el demandante propone la *antídosis* o cambio de fortuna). Véase el glosario, «liturgias».
94 ¿Error en el original? Si no, puesto que el número de 400 trirremes solo se alcanzó en 431, el dato serviría para fechar el texto.
95 Las traducciones difieren. Se trata de cargos y puestos oficiales (como el de los «funcionarios») y de si los huérfanos debían seguir recibiendo sustento del Estado.
96 *Dikásai deî astrateías*: seguimos a Galiano y Marchant, como Marr–Rhodes, pero ellos traducen «avoidance of military service» (p. 154), no «desertion». Brock–Heath (1995) prefieren *stratêgikas <dikas>*, acusaciones contra generales.
97 MR 155: «*Hybris* (violent arrogance) was a prosecutable offence in fifth- and fourth-century Athens».

religión [*asebêsôsi*]⁹⁸. Y omito aún muchas más cosas, aunque lo más importante queda dicho, excepto las tasaciones del tributo, lo que sucede, en general, cada cuatro años.

B: [6] Vamos a ver una cosa, entonces, ¿debemos creer que estos casos no es necesario resolverlos todos?

A: Pues que alguien diga lo que no hay que tratar ante los tribunales allí. De nuevo, si estamos de acuerdo en que hay que resolver todos los casos, es forzoso que sea a lo largo de todo el año, aunque ni siquiera ahora, con juicios todo el año, consiguen ir por delante de los delincuentes, por la gran cantidad de individuos.

B: [7] Efectivamente, claro, pero alguien dirá que sí, que alguien tiene que juzgar todo esto en los tribunales, pero que el número de jueces se reduzca.

A: Pues bien, si no se disminuye entonces el número de tribunales [*dikastêria], forzosamente habrá pocas personas en cada tribunal, de modo que será fácil confabularse con unos pocos jueces y sobornarlos a todos para que juzguen con menos justicia.⁹⁹ [8] Y además de esto hay que pensar que los atenienses deben guardar sus fiestas, en que no se permite celebrar juicios.

B: Y por cierto, celebran el doble de fiestas que los demás.

---

98 Lit.: «Si algunos agraviaron [*hybrísôsi*, 3 pl aor subj act] un agravio [*hybrisma*] inusual o cometieron impiedad [*asebêsôsi*, 3 pl aor subj act]».

99 Sería mejor que hubiera menos personas dedicadas a juzgar, pero ello conllevaría dos soluciones igualmente negativas: o menos tribunales y, por tanto, más demora; o menos jueces en los tribunales, pero se incrementa el riesgo de cohecho (Galiano 18). No se entiende bien por qué querer reducir el número total de jueces; el manejo de datos parece tendencioso (cf. Ramírez CCXVI).

A: ¡Pero si yo estoy suponiendo el mismo número [de fiestas] que la [ciudad] que menos celebra![100] Estando así las cosas, por consiguiente, afirmo que no es posible que la situación en Atenas sea de otra manera que como ahora está, excepto que se puede quitar un poco de aquí y añadir algo allá; lo que no se puede es cambiar demasiado sin recortar la democracia. [9] Porque es posible idear muchas innovaciones para mejorar el sistema [*politeían*], pero encontrar algo satisfactorio para que, existiendo la democracia, tengan una forma de gobernarse mejor, no es fácil, a no ser, como he dicho hace un momento, quitando o añadiendo pequeños detalles.

B: [10] En mi opinión, los atenienses se equivocan al tomar partido por los peores en las ciudades enfrascadas en un conflicto civil[101].

A: ¡Pero esto lo hacen adrede! Si se pusieran de parte de los mejores, no escogerían a los que tienen las mismas ideas que ellos. Efectivamente, en ninguna ciudad la parte mejor es afecta [*eunoun*] al pueblo, en cambio, en todas las ciudades es afecto [*eunoun*] al pueblo lo peor, porque los iguales [*homoioi*] de sus iguales [*homoiois*] son amigos *simpatizan [*eunooí*]. Por eso los atenienses prefieren lo más afín a ellos mismos. [11] Siempre que emprendieron elegir a los mejores, no les salió bien [...], sino que, al poco tiempo, el pueblo de los beocios fue esclavizado[102]. O cuando se sumaron a los

---

100 El interlocutor argumenta que si los atenienses tuvieran tan pocas fiestas como la ciudad que menos tiene, la saturación y demoras serían las mismas, ocurrencia que puede interpretarse con su punto de humor.
101 «Ciudades en que hay disensiones» (Galiano).
102 Hay una laguna. Galiano: se refiere a acontecimientos mal conocidos en Beocia alrededor del año 457 y a dos casos históricos más (si es que se trata de esos hechos y no de otros), una revuelta en Mileto aprox. el 450 y la participación con un contingente de apoyo a los espartanos (de 4.000 hoplitas al mando de Cimón) en la guerra mesenia (462), a la que siguió la guerra de 457. Cf. Introducción.

mejores de los milesios, y al poco tiempo fueron abandonados y los hicieron pedazos; o cuando escogieron a los espartanos en vez de a los mesenios, y al poco tiempo, después de someter a los mesenios, los espartanos declararon la guerra a los atenienses.

B: [12] Se podría objetar que nadie en Atenas ha sido privado injustamente de su ciudadanía,[103] pero yo afirmo que algunos hay que han sido desposeídos.

A: ¡Pero estos son pocos, y no pocos hacen falta para atacar la democracia en Atenas, en las condiciones actuales!

B: No vale la pena ocuparse de aquellos individuos que han sido justamente desposeídos de sus derechos, ¡sino de quienes lo fueron injustamente!

A: [13] ¿Cómo se puede pensar que la mayor parte de los privados de ciudadanía en Atenas lo fueron injustamente, si es el pueblo el que controla las magistraturas? Y por gobernar sin justicia y por no decir ni hacer lo que es justo, por tales motivos son algunos privados de derechos políticos en Atenas[104]. Si se ha comprendido esto, no se debe pensar que los desposeídos de su ciudadanía son un peligro en Atenas.

---

103 Guntiñas (314) ve un elogio aquí, y MR (159), «unintended compliment»; también Ober (1998).
104 Compleja la nota de Galiano, p. 20, donde mantiene que «el verdadero tratado terminaba con el párrafo 9» y que 10-11 y 12-13... son dos trozos sueltos, quizás notas, que «no sabemos por qué circunstancias, han quedado incorporados al texto como apéndices» y describe 12 casi como un diálogo. La idea del pasaje es, más o menos la siguiente: atacar la democracia requiere no pocas personas, pero no se puede contar con los desposeídos de derechos políticos, de ciudadanía: como el pueblo tiene todos los cargos, los privados de derechos injustamente son pocos y no son un peligro.

Glosario

Para este breve glosario nos hemos servido principalmente de los de Mossé (1987), Pomeroy-Burnstein-Donlan-Roberts (2001), Hansen (1993), Osborne (2002), Manin (1997), L. López (2011), Guntiñas (1984) y Ruiz (1987); Ober (2008) y L. Sancho (2009) para «democracia». Lo indicaremos.

Salvo la primera entrada –colocada ahí por su importancia–, las demás están más o menos ordenadas.

Ponêroí / Chrêstoí –Es la principal oposición social del texto, aparece por todas partes (léase la introducción para la discusión de estos términos y sus implicaciones políticas e ideológicas). Las traducciones varían:

Kalinka (1913)	gemeinen (comunes) / edlen (nobles)
Petch (1926)	rascals (granujas) / good citizens
Chambry (1933)	les méchants (los malos) / les bons
Galiano (1951)	plebeyos / gentes de calidad
Bowersock (1968)	the worst people / the good
Leduc (1976)	méchants / honnêtes gens
Canfora (1982)	canaglia / gente per bene
Guntiñas (1984)	las personas de baja condición / las personas importantes
Ruiz (1987)	inferiores / superiores
Ramírez (2005)	miserables / pudientes
Guzmán (2007)	los mejores / los peores
Marr–Rhodes (2008)	the valuable - good / the worthless (sin valor) - bad
Casevitz (2008)	coquins (granujas; bribones) / honnêtes gens
Velásquez (2010)	plebeyos / aristócratas

Junto a la valoración moral implícita en el significante, las distintas traducciones de *ponēroí* intentan recoger el insulto de base político-social (unas más, otras menos, probablemente algunas eufemizando); puede aparecer (p. ej. I, 4) junto a «pobres» [*penêtes*] y «gentes comunes, del pueblo» o «partidarios del *dêmos*» [*dêmotikoi*]). Las posibilidades de versión son variadas, desde el anacronismo político («proletarios», «patricios») a las palabras de poco alcance interpretativo («clases populares») o inexactas (se puede ser un *ponêros* con más o menos fortuna material). En nuestras traducciones, hemos decidido usar varias formas: populacho, la canalla, gente de baja estofa, chusma, etc., frente a *chrêstoí*: los mejores, la gente de bien, las personas de valía, etc. Para los ricos y para los nobles hay otros términos (véase introducción).

[*archôn*] – ***Archaí*** – (1) «Magistraturas», cargos. «(2) En particulier au pluriel: les magistrats (terme générique recouvrant les 500 membres du Conseil et les quelque 700 autres)» (Hansen).

Asamblea – Ver *Ekklêsía*.

Boulê – El Consejo, órgano principal de la democracia ateniense, formado de quinientos miembros elegidos por sorteo (Mossé), cincuenta ciudadanos de cada una de las diez *fylai* (lat. «tribus», que no tiene que ver con tribu en el sentido antropológico; significa simplemente corporación o unidad dentro de la *pólis*), sorteados anualmente entre los candidatos designados previamente en las 139 municipalidades o «demos». Se reunían los días laborables –alrededor de 250 veces al año– en el *bouleu-*

terion, en el ágora. Preparaban los trabajos de la Asamblea y de los *nomotetas* (véase entrada correspondiente). Estaba a la cabeza de la administración pública. No confundir con la *boulé* del Areópago (consejo de antiguos arcontes; perdió mucho poder en las reformas de Efialtes en 462/1, pero ganó una parte tras 403).

Coregía – «Cargo consistente para un ateniense rico en equipar y adiestrar a un coro para las fiestas de Dionisos» (Mossé); cargo o más bien «liturgia» (véase la entrada al respecto). Los *coregos* eran los encargados de correr con los gastos del coro en certámenes líricos o dramáticos (representaciones teatrales, que implicaban «coros»), y que se celebraban con motivo de las Panateneas, Targelias, Dionisias y Leneas (véase festivales).

Dêmos – Término que designa en los textos oficiales (en Atenas) al conjunto de los ciudadanos atenienses. En el lenguaje político, se emplea para designar a la masa en oposición a los ricos o a los aristócratas (Mossé). «Le mot signifie (1) Le peuple athenien dans son entier (= L'État athenien), (2) Le petit peuple (= les pauvres), (3) L'Assemblée du Peuple (= *ekklesía*), (4) Le gouvernement du peuple (= *demokratia*), (5) une "municipalité", c'est-à-dire l'une des 139 dèmes créés par Clisthènes en 507 et regrupés en trente *trittyes*, elles-memes reunies en dix *phylai*» (Hansen). Los números de las *phylai* y los demos eran claves para los sorteos de cargos, responsabilidades, y la participación ciudadana en las diferentes instituciones. La palabra *dêmos* podía variar de significado (véase introducción para el uso sesgado o inconsistente del Viejo Oligarca). Cf. Gomme (1962: 40), «en Esparta estaba formado por los iguales».

Dēmokratía – Democracia. En principio, compuesto de *dêmos* y de «kratos», que significa «poder, fuerza, vigor»; puede tener el sentido peyorativo de «dominio, violencia» (así, Canfora), pero Ober (2008) le da otro sentido, el de «*dêmos* empoderado»: «Demokratía, que emergió como un régimen-tipo con la seguridad histórica en sí mismo de un demos en un momento revolucionario, se refiere a la capacidad colectiva del demos para hacer cosas en el espacio público, hacer que las cosas sucedan. Si esto es correcto, Demokratía no se refiere en primera instancia al control monopolista de una autoridad constitucional preexistente. Demokratía no es solo "el poder del demos" en el sentido de "poder superior o monopolista del demos relativo a otros potenciales detentadores del poder en el Estado". Más bien, significa, con más amplitud, "el demos empoderado" – es el sistema en el que el demos gana la capacidad colectiva de efectuar cambios en el espacio público. Por ello, no es únicamente una cuestión de control de un espacio público, sino de la fuerza colectiva y la habilidad para actuar en el interior de ese espacio y, de hecho, reconstruir el espacio público a través de la acción» (Ober 2008: 7, nuestra traducción).

Cf. L. Sancho (2009: 175): «La democracia se definía en la antigüedad de dos maneras: el gobierno de todos los nativos (*dêmos*) a los que se les reconocía estatus de ciudadanos, o el gobierno exclusivo de las clases populares (*dêmos*) sobre la elite tradicional o de dinero (*áristoi*, u *oligoi*). Mientras la primera visión es la propiamente democrática, coincidente con la que expone Pericles en su discurso fúnebre (Th. II 37, 1), la segunda forma parte habitualmente de los análisis críticos con el poder popular y la encontramos tanto en panfletistas como Pseudo-Jenofonte (*Ath. Pol.* I, 1) como en pensadores de la profundidad de Aristóteles (*Pol.* IV 1291b 7-13)».

Dikastêria – Tribunales populares de Atenas. Un dicasterio estaba compuesto por cientos (501, 1.001, 1.501 o 2.001) de ciudadanos (varones adultos mayores de 30 años) elegidos por sorteo en el último momento entre los individuos que se presentaban voluntarios a formar parte del grupo de jurados de reserva llamado *heliea*. Tanto el hecho de ser elegidos en el último momento como la gran cantidad de sus componentes, dificultaban el soborno, sobre todo porque los casos vistos por el tribunal solían ser juzgados en un solo día. Como se suponía que el numeroso jurado actuaba en representación del pueblo ateniense, su sentencia no admitía apelación. A partir más o menos de mediados del siglo V, los miembros del jurado recibían una pequeña cantidad de dinero en pago a sus servicios (véase *misthos*) (Pomeroy-Burnstein-Donlan-Roberts).

Dokimásai – **Dokimasia** – Examen previo al que se sometía a un magistrado antes de la toma de posesión de su cargo. Exámenes de caballería, técnicas militares, etc. También eran informes sobre los pensionados de inválidos y huérfanos.

Eisfora – Impuesto extraordinario recaudado en tiempo de guerra (Mossé). Al parecer cobrado por primera vez en 427 en un monto total de 200 Talentos (Tuc. III, 19,1). Solo lo pagaban los ciudadanos acaudalados, pero se discute mucho si eran exclusivamente los Mil Doscientos, o una cantidad de unos cinco mil o seis mil ciudadanos (L. Sancho Rocher).

Ekklêsía – Nombre de la Asamblea general de todos los ciudadanos de Atenas, en la que todo ciudadano adulto varón tenía del derecho a tomar la palabra y a votar. Órgano soberano (*kyrios*) de la política del Estado. En Atenas se reunía al aire libre en una colina llamada Pnyx. La asamblea se reunía diez veces al año como *ekklesia kyria* (una vez cada pritanio, o período de cinco semanas) de un total de cuarenta reuniones anuales.

Heortásai heortas – Celebrar **fiestas / festivales** – «***Dionisias:*** fiestas en honor del dios Dioniso. Había varías con este nombre. Las más importantes eran las Grandes Dionisias o gran fiesta dionisíaca del mes de marzo en Atenas; las Dionisias rurales o fiestas dionisíacas de los diversos *dêmos o* distritos del Ática (diciembre-enero); las Leneas o fiesta dionisíaca, en enero, en Atenas.— ***Targelias:*** fiesta ateniense en la que se celebraba la traída de la *eiresiônê* (rama de olivo con frutos y cintas) y la expulsión del *fármaco* (individuo expulsado y vejado como culpable de los males de la colectividad). Estaban dedicadas a Apolo y Ártemis (mayo-junio).— **Panateneas:** fiestas atenienses en honor de Atenea celebradas todos los años en julio, pero con especial solemnidad cada cuatro años. El acto más llamativo era la *pompé* o procesión en honor de la diosa y la ofrenda del *peplo*.—**Promecias** y **Hefestias**: Fiestas en honor de Prometeo y Hefesto, respectivamente. En estas dos había carreras de antorchas como acto principal (las dos divinidades están relacionadas con el fuego), aunque también en otras fiestas, como en las Panateneas, se celebraban estas carreras» (Guntiñas 311, n. 41).

Chrêmata eisférein – ver **Tributo** (*phoros*) y *Eisfora.*

Cheirotonía – Voto a mano alzada, usado en la Asamblea, en el Consejo de los 500 y en los *nomothetai* (Hansen). Ver *nomotetas* y *boulê.*

Klêrô – ver «Sorteo». *Klêros*: Es un nombre («sorteo»), cuyo verbo correspondiente es *klêroun* (sortear, designar por sorteo). Los *klêrôtêria*, dispositivos mecánicos de considerable sofisticación inventados al efecto, han sido estudiados por López Rabatel (2011).

Lacedemonia. Esparta. Los espartanos, según la tradición, descendían de los dorios, llegados a Laconia en tiempos postmicénicos (aprox. 1.000 a. n. e.) (hoy se ha cuestionado: más bien hubo mezcla y había «aldeas» jonias o aqueas, así como hilotas dorios). La sociedad espartana del siglo V a. n. e. era una especie de campamento militar en alerta roja constante, con una estructura social rígida: abajo, los hilotas o ilotas (lit. «capturados», «cautivos», descendientes del pueblo nativo griego conquistado por la invasión-inmigración doria, según esa tradición semimítica, en realidad una población rural conquistada): siervos semiesclavos, que trabajan la tierra de los ciudadanos para mantenerlos; vivían sometidos a un régimen de terror; a su lado, los periecos («los que viven alrededor»): hombres sin derechos políticos pero libres de llevar los asuntos de sus comunidades, sujetos a Esparta en política exterior. Arriba, los *homoioi*, los «iguales», espartanos varones de más de 30 años, el cuerpo cívico de la ciudad. Los «iguales» se dedican únicamente a la guerra y asuntos internos.

Leitourgiai – «Liturgias»: obligaciones asignadas a los ciudadanos más acaudalados para sufragar bienes culturales y servicios de interés público en nombre del Estado, durante un año. Se trata de una forma de redistribución de la riqueza. Los que la asumían sabían del prestigio popular que comportaba si se hacía bien.

Eran de tres suertes: (1) Financiación de fiestas: *Coregías* (véase este glosario) y *gynmasiarquías*; los *gymnasiarcos*: pagar instalaciones y competiciones –fiestas– deportivas. (2) Financiación militar: *trierarcos*: equipar y botar barcos de guerra, trirremes. (3) Liturgias ligadas a impuestos sobre el patrimonio (*proeisfora*).

Una *liturgia* es algo así como un impuesto extra para los que pueden pagarlo. El adjudicado podía recurrir la decisión: los designados como coregos podían aducir que a otros, más ricos, les correspondía el nombramiento (si el otro lo negaba, el demandante proponía la *antídosis* o cambio de fortuna). (Véase «moneda ateniense».)

Métoikos – «Meteco: termino ático para designar a los no atenienses, ya fueran griegos o no, que residieran en Atenas por un periodo superior al mes. Estos extranjeros debían pagar un impuesto especial, el *metoikion,* de una dracma mensual. Entre los metecos más famosos cabe citar al orador Lisias y el filósofo Aristóteles» (Osborne). (Véase «moneda ateniense».)

Misthoforías – Misthos – Salario de un jornalero o un soldado. En un contexto político: retribución de los que participan en una reunión. El *misthos* era proporcionado a los miembros del Consejo de los 500 (5 óbolos por persona y sesión), *dikasteria* –o tribunales populares– (3 óbolos por persona y sesión) y de la Asamblea (1 ó 1,5 dracma por persona y sesión) y a ciertos magistrados (en particular los nueve arcontes y los magistrados en el extranjero) (Hansen). Véase «moneda ateniense».

Moneda ateniense: «Entre las unidades monetarias de Atenas podemos citar el óbolo, la dracma, la mina, y el talento.

Seis óbolos eran una dracma; cien dracmas, una mina; y sesenta minas (i. e., 6.000 dracmas) un talento. El que poseía un talento era rico. En la Atenas del siglo V, una moneda de una dracma de plata se consideraba un buen jornal para un obrero no cualificado, y probablemente representara el salario con el que vivía una familia pequeña. Una dracma era el sueldo habitual de un remero de la flota. Mantener una trirreme costaba un talento al mes» (Pomeroy-Burnstein-Donlan-Roberts).

Nomotetas o *nomothetai*: Comisión legislativa constituida por ciudadanos (1000 p. ej.) sorteados entre los 6.000 jurados. Como los *dikastai* o jueces, eran sorteados para un día. Asistían al debate sobre la proposición de leyes, luego votaban a mano alzada (Hansen).

Oligarquía – Gobierno de oligarcas: «Los términos con la raíz –arche tienen que ver con el número de personas que pueden ocupar puestos oficiales de autoridad dentro de un orden constitucional de algún tipo» (Ober 2008: 4, nuestra traducción). Oligarcas: Partidarios de un régimen político en el que la autoridad, la *archê*, debía estar en manos de un pequeño número de personas (*oligoi*) (Mossé). Estos «pocos» eran miembros de las élites, generalmente nobles, ricos y no tan ricos (o endeudados). El contrapunto léxico de *oligoi* es la expresión *hoi polloi*, «los muchos», palabra despectiva (como *ochlos*, «masa») usada en los círculos oligárquicos para referirse al *dêmos* (posteriormente, en Platón, «los muchos» son el reino de la *doxa* (la opinión), frente la sabiduría del *sofós*, el sabio).

Pólis – Lit. «ciudad» o «ciudad-estado». Comunidad política autogobernada, formada por una ciudad principal y las zonas rurales vecinas. «Con la excepción de Esparta, las *póleis* tenían generalmente algún tipo de gobierno republicano, ya fuera de carácter oligárquico o democrático. Como el sistema de la polis comportaba siempre algún grado de autoconciencia política, quedó abierta la cuestión de si una ciudad gobernada por un tirano podía ser considerada una polis o no» (Pomeroy-Burnstein-Donlan-Roberts).

La Atenas del siglo IV tenía unos 30.000 ciudadanos que habían alcanzado la mayoría de edad (o sea, que habían cumplido los veinte). Es probable que en el siglo V la cifra fuese de 60.000. Por supuesto, en el número no se incluían mujeres, niños, metecos ni esclavos (la población se calcula multiplicando por tres o 4, como mucho). En la actualidad se da una tendencia a exagerar la pequeñez de Atenas. Por supuesto que la ciudad no era grande, comparada con los Estados modernos, pero tampoco era un pueblo (Manin).

En inglés y francés el concepto es más fácil de entender: city / town, cité / ville.

Politeia – El conjunto de leyes y de instituciones (*nómoi*: tradiciones, costumbres usos…) que componen el sistema político de una ciudad, incluido también el derecho de esa ciudad (Mossé). «*Politeía* es un concepto griego intraducible […]. Es la forma de vida particular de cada polis, que incluye sus leyes, sus instituciones, sus normas de comportamiento cívico, sus tradiciones religiosas y las relaciones entre los miembros de la comunidad», y sólo Aristóteles empezó a dar un sentido próximo al de constitución (L. Sancho 2009: 91).

Prytaneíôn – **Prytaneion** – El pritaneo era un edificio oficial de la Atenas arcaica, situado al Este de la Acrópolis. Allí ardía permanentemente el fuego del hogar sagrado y eran convidados a cenar los invitados de Estado, en compañía de los archontes, los vencedores atenienses en los juegos olímpicos, los descendientes de Harmodio y Aristogitón y otros ciudadanos de especial valía (Hansen).

«Pritaneo» era también el lugar de reunión de los 50 *bouleutas* (miembros del Consejo) en pritanía, elegidos para unos treinta y seis o treinta y siete días al año, de entre todo el Consejo (Ruiz 111, nota 14).

Sorteo: «La democracia ateniense confiaba a ciudadanos seleccionados por sorteo la mayor parte de las funciones no desarrolladas por la asamblea popular (*ekklesia*). Ese principio se aplicaba sobre todo a las magistraturas (*archai*). De los aproximadamente 700 cargos de magistrados que formaban la administración ateniense, unos 600 eran cubiertos por sorteo. Las magistraturas asignadas por sorteo (*klêros*) eran habitualmente colegiadas. El mandato en el cargo era de un año. No se permitía que los ciudadanos ocupasen una magistratura más de una vez, y, aunque podían ser nombrados para una serie de magistraturas diferentes a lo largo de su vida, el calendario para rendir cuentas (no se podía acceder a un nuevo cargo sin haber rendido cuentas del anterior) suponía que, en la práctica, ninguna persona podía ejercer de magistrado por dos años consecutivos. Todos los ciudadanos con treinta años cumplidos (unas 20.000 personas en el siglo IV) y que no estuviesen bajo la pena de *atimia* (privación de los derechos civiles) podían acceder a una magistratura. Aquellos cuyos nombres habían sido extraídos por sorteo debían someterse a una investigación (*dokimasia*) antes de poder ocupar el cargo. En la prueba se examinaba si estaban legalmente cualificados para ser magistrados; y también se comprobaba que el comportamiento con sus padres había sido satisfactorio, si habían pagado sus impuestos y si habían realizado el servicio militar. La prueba tenía igualmente aspectos políticos: un individuo conocido por sus simpatías oligárquicas podía ser rechazado. [...] Sin embargo, y esto merece particular atención, sólo eran introducidos en la máquina de la lotería, los *kleroteria*, los nombres de los que deseaban ser tenidos en cuenta. El sorteo no se efectuaba entre todos los ciudadanos de treinta años o más, sino solamente entre los que se habían ofrecido como candidatos» (Manin 1997: 11-12; trad. edic. española). Los sofisticados *kleroteria* han sido estudiados por Liliane López Rabatel (2011).

Stasiásai – forma verbal derivada del sustantivo **stásis**: conflicto civil. El término significa en principio «postura» de unos individuos en un debate político, es decir, posicionamiento, facción. En las *póleis* o ciudades-estado, la *stásis* o «discordia civil» enfrentaban a las facciones oligárquicas y a los pobres contra los ricos. En el peor de los casos, la *stásis* comportaba el derramamiento de sangre (así, Corcira durante la guerra del Peloponeso, caso ejemplar para Tucídides, o Atenas en 404-403); uno de los principales objetivos de las ciudades era mantenerla dentro de los límites de la no violencia (Pomeroy-Burnstein-Donlan-Roberts), cf. Loraux (2008); se contrapone a *homónoia*, «concordia»: véase L. Sancho, «*Stásis* y *homónoia*» (2009: 11-84). La definición de Pomeroy-Burnstein-Donlan-Roberts necesita ser matizada: en los enfrentamientos y faccionalismo hay que contar los partidarios del *dêmos*, no necesariamente pobres o miembros de las clases populares urbanas o rurales.

Tributo (*phoros*) – Se refiere a un tributo que debían pagar los miembros de la Liga de Delos que no quisieran aportar trirremes. La tasa parece haberse fijado en un talento por trirreme. En la época de Pericles (aprox. 444-404 a. n. e.), solo tres ciudades habían renunciado a enviar trirremes y preferían pagar el tributo.

Liga de Delos: confederación de ciudades bajo el liderazgo de Atenas –considerada la ciudad victoriosa en las Guerras Médicas. Se creó en 478/7 como como defensa militar contra el rey de Persia, y de hecho se transformó en un poderoso imperio marítimo con metrópolis en Atenas. Fue disuelta en el 404 tras la derrota en la guerra del Peloponeso. (La denominación «liga de Delos» es moderna; ellos hablaban de Atenas y sus aliados.)

Trirreme (la o el) – Buque de guerra típico de los griegos (***triêrês***). Era impulsada por tres filas superpuestas de remeros y alcanzaba velocidades de hasta nueve nudos (= aprox. unos 18 km/h). Tenía un espolón de bronce en la proa con el que se embestía las naves enemigas para intentar hundirlas o inutilizarlas (una recreación moderna notable de este tipo de guerra se encuentra en una escena de la película *Ben-Hur* (1959), aunque sean barcos romanos y se trate de Hollywood). Su tripulación estaba formada por 200 hombres, 170 de los cuales eran remeros especializados en este tipo de maniobras. Durante todo el siglo V, la flota ateniense dominó la guerra en el mar (Pomeroy-Burnstein-Donlan-Roberts, Hansen).

Mapa cronológico

	Política	Cultura
508	Reforma institucional de Clístenes (570-507)	
	Guerras Médicas (499-449) 480-479 Batallas: Termópilas, Artemisio, Salamina, Platea, Mícale	Esquilo *Los persas* (472)
477	Fundación de la Liga de Delos	*Los siete contra Tebas* (467)
463	Rebelión hilota en Mesenia	*Las suplicantes* (463)
461	Reforma de Efialtes	
460–445	«Primera» guerra del Peloponeso	458 Esquilo *Orestíada*
454	Transferencia a Atenas de los fondos de la Liga de Delos	
451	Ley limitando la ciudadanía en Atenas	Heródoto trabaja en sus *Historias*
		447-432 Construcción del Partenón
		Mueren Fidias y Empédocles
431–404	Guerra del Peloponeso (fase 1) Guerra arquidámica (431-421)	

431	Primera invasión del Ática	Eurípides *Medea*
430	Epidemia en Atenas	Eurípides *Heráclidas*
429	Muerte de Pericles	Sófocles *Edipo Rey*
428	Revuelta de Mitilene	Heródoto *Historias*
427	Fin de la epidemia	Gorgias visita Atenas
426		Cleón acusa a Aristófanes por *Babilonios* (perdida)
425	Quinta invasión del Ática Espectacular victoria ateniense en Pilos y Esfacteria Esparta: matanza de 2.000 hilotas	Aristófanes *Acarnienses*
424	Expedición por tierra de Brásidas hasta la Calcídica Tucídides (el historiador) fracasa en la defensa de Anfípolis	Muere Heródoto Eurídipes *Hécuba* Aristófanes *Caballeros*
423	Negociaciones de paz	Aristófanes *Nubes*
422	Batalla de Anfípolis. Mueren Brásidas y Cleón	Aristófanes *Avispas*
421	Paz de Nicias	Aristófanes *Paz*
420		Policleto
419		Iseo Antifonte
418		Eurípides *Ion*
417	Ostracismo de Hipérbolo	
416	Conquista de Melos	Agatón el trágico – la celebración del triunfo escenario del *Banquete* de Platón
415	Mutilación de los hermes Expedición a Sicilia Alcibíades huye a Esparta	Eurípides *Troyanas* Sófocles *Electra*
414		Aristófanes *Pájaros*

413	Ocupación espartana de Decelia (fortaleza a 22 km de Atenas) por consejo de Alcibíades. Guerra decélica o jónica (413-404) Derrota total ateniense en Sicilia	
412	Alcibíades huye de Esparta a la corte persa	
411	Golpe de estado oligárquico en Atenas, Consejo de los 400. Régimen de los 5000 Reinstauración de Alcibíades	Aristófanes *Lisístrata* *Tesmoforias* Ejecución de Antifonte
410	como general Batalla de Cícico. Restauración de la democracia	
409		Sófocles *Filoctetes*
408	Atenas recupera Bizancio	
407	Alcibíades en Atenas	
406	Alcibíades depuesto tras la derrota en Notio Batalla de Arginusas y condena a muerte de seis de los ocho generales	Muere Eurípides en Macedonia
405	Derrota total ateniense en Egospótamos (el general espartano Lisandro ordena la ejecución de tres mil prisioneros) Bloqueo de Atenas	Muere Sófocles

404	Fin de la guerra del Peloponeso. Guarnición espartana en Atenas y derribo de los Muros Largos. Régimen de terror de los Treinta Tiranos (entre ellos, el extremista Critias)	Confiscación de bienes de Lisias y asesinato de su hermano
403	Trasíbulo toma el Pireo. Batalla de Muniquia (donde muere Critias). Restauración de la democracia y amnistía general en Atenas	
399	Juicio y ejecución de Sócrates	399-347 Escritos socráticos. Diálogos de Platón.

Bibliografía

Traducciones, ediciones, estudios

Bowersock, G. W. (1968), *Pseudo-Xenophon. Constitution of the Athenians*, Loeb. London: Heinemann / Harvard UP, pp. 459-507 y 515. [Reed. de Marchant (1925).]

Brock, R.–Heath, M. (1995), «Two passages in pseudo-Xenophon», en *Classical Quarterly*, Vol. 45 (2), 564–566. <http://eprints.whiterose.ac.uk/2653/> [26-6-2015]

Canfora, Luciano (1991), *La democrazia come violenza / Anonimo ateniese*, Palermo, Sellerio editore, 8. ed. [1982¹], 67 p. Titolo originale: ΑΘΗΝΑΙΩΝ ΠΟΛΙΤΕΙΑ

Cartledge, Paul (2009), «The 'Old Oligarch': a close reading», en Cartledge, P. (2009), *Ancient Greek Political Thought in Practice*, New York, Cambridge University Press, App. II, pp. 140-142.

Casevitz, Michel (2008), *Xénophon: Constitution des Lacédémoniens – Agésilas – Hiéron, suivi de Pseudo-Xénophon: Constitution des athéniens*, Paris, Les Belles Lettres.

Chambry, Pierre (1933), «Xénophon. La République des Athéniens», online <ugo.bratelli.free.fr/Xenophon/XenophonLaRepubliqueDesAtheniens.htm> [10-6-2015]. [Traducción con introducción y notas de las *Œuvres complètes* de Garnier-Flammarion, 1967, primera edic. 1933.]

Fernández-Galiano, Manuel (1971), *Pseudo-Jenofonte. La República de los atenienses*, Madrid, Instituto de Estudios Políticos. [Reimpresión corregida de 1951[1]. Introd. de Manuel Cardenal de Iracheta. Col. Clásicos Políticos, dir. por Francisco Javier Conde.]

Flores, Enrico (1982), *Il sistema non riformabile. La pseudosenofontea* Costituzione degli Ateniesi *e l'Atene periclea*, Nápoles, Liguori Editore.

Gomme, A. W. (1962), «The Old Oligarch», en Gomme (1962) *More Essays in Greek History and Literature*, Oxford, Blackwell, 38-69. [Orig. *HSCP*, 1, 1940.]

Guntiñas Tuñón, Orlando (1984), *Pseudo-Jenofonte. La República de los atenienses*, en Guntiñas T. O. (1984), *Jenofonte. Obras menores*, Madrid, Gredos, pp. 281-316.

Guzmán Guerra, Antonio (2007), *Constituciones políticas griegas*, Madrid, Alianza Editorial.

Kalinka, Ernst (1913), *Die pseudoxenophontische Athenaiôn Politeía*, Teubner, Leipzig-Berlín. <https://archive.org/details/diepseudoxenopho00xenouoft> [3-2-2016]

Leduc, Claudine (1976), *La Constitution d'Athènes attribuée à Xénophon*, París, Les Belles Lettres. <http://www.persee.fr/doc/ista_0000-0000_1976_mon_192_1> [26-2-2017]

Levystone, David (2005), «La constitution des athéniens du pseudo-xénophon. D'un despotisme à l'autre», *Revue Française d'Histoire des Idées Politiques* 2005/1 (N°21), 3-48. <https://www.cairn.info/revue-francaise-d-histoire-des-idees-politiques1-2005-1-page-3.htm> [3-2-2016]

Marchant, E. C. (ed.) (1900), *Xenophontis Opera Omnia. Tomus V - Opuscula*, Oxford, Clarendon Press. <archive.org/details/operaomniarecogn05xenouoft> [10-6-2015]

Marchant, E. C. (1925), *Xenophon vol. VII, Scripta minora*, Harvard University Press, Loeb Classical Library, núm. 183.

Marr, J. L. & P. J. Rhodes (2008), *The 'Old Oligarch': the Constitution of the Athenians attributed to Xenophon*, Aris & Phillips classical texts, Oxford: Aris & Phillips.

Petch, James A. (1926), *The Old Oligarch - Being the Constitution of the Athenians Ascribed to Xenophon*. Oxford, Basil Blackwell. <https://archive.org/details/oldoligarchbeing00xeno> [10-6-2015]

Ramírez Vidal, Gerardo (2005), *La constitución de los atenienses*, México, UNAM.

Ramírez Vidal, Gerardo (1994), «Notas sobre la anónima *Athenaion politeia*», en *Nova Tellus* (UNAM), vol. 12, 25-28. [Comunicación en el congreso sobre la *Constitución de los atenienses* del pseudo Jenofonte, mayo 1993, Acquasparta (Italia).] <http://www.revistas.unam.mx/index.php/nova_tellus/article/view/42322> [10-12-2015]

Ruiz Sola, Aurelia (1987), *La República de los Atenienses*, en Ruiz Sola, Aurelia (1987) *Las constituciones griegas*, Madrid, Akal (Col. Akal / Clásica), pp. 96-119.

Sauppe, Gustav (ed.) (1866), *Xenophontis Opera. Vol. V - Scripta Minora*, Leipzig [Lipsiae], Bernhardi Tauchnitz. <archive.org/details/operaxenoph05xeno> [10-6-2015]

Velásquez, Óscar (2010), *La República de los Atenienses - Athênaiôn Politeia*, Santiago de Chile, Editorial Universitaria.

Obras citadas

Azoulay, Vincent (2014), *Pericles of Athens*, Princeton and Oxford, Princeton University Press. [Orig. *Périclès: La démocratie athénienne à l'épreuve du grand homme* (2010); transl. Janet Lloyd; foreword Paul Cartledge.]

Cornford, Francis Macdonald (1907), *Thucydides Mythistoricus*, London, Edward Arnold. [Online - https://archive.org/details/thucydidesmythis00cornuoft] [Reedic. Routledge and Kegan Paul Ltd., 1965; colecc. Routledge Revivals, 2014.]

Canfora, Luciano (2014), *El mundo de Atenas*, Barcelona, Anagrama. [Orig. Roma, 2011]

Hansen, M. H. (1993), *La démocratie athénienne à l'époque de Démosthène, Structure, principes et idéologie,* París. [Version remaniée et abrégée de «Det Athenske demokrati i 4 arh. f. Kr». - Trad. de: *The Athenian Democracy in the Age of Demosthenes. Structures, Principles and Ideology* (Oxford, 1991; rééd. en 2009)]

López Rabatel, Liliane (2011), *Le tirage au sort dans le monde grec antique: machines, institutions et usages*, tesis doctoral, 2011, Université Lumière Lyon 2.

Loraux, Nicole (2008), *La guerra civil en Atenas. La política entre la sombra y la utopía*, Madrid, Akal. Prólogo y traducción de Ana Iriarte.

Manin, Bernard (1997),*The Principles of Representative Government*, New York University and CNRS, Paris, Cambridge University Press. [Edic. española: *Los principios del gobierno representativo*, trad. Fernando Vallespín. Orig. Principies du gouvernement représentatif, Paris, Calmann-Lévy, 1995; la edic. ingl. contiene modificaciones.]

Ober, Josiah (2008), «The Original Meaning of «Democracy»: Capacity to Do Things, not Majority Rule», en *Constellations*, vol. 15, núm. 1, 3-9.

Ober, Josiah (1998), «Beginning at a Dead End: Ps.-Xenophon Political Regime of the Athenians», en Ober, Josiah (1998), *Political Dissent in Democratic Athens: Intellectual Critics of Popular Rule*, Princeton, Princeton U. P., Cap. I, 14-27.

Roberts, Jennifer Tolbert (1994), *Athens on Trial*, Princeton, Princeton University Press.

Rhodes, P. J. (2011), *Alcibiades: Athenian Playboy, General and Traitor*, Barnsely, South Yorkshire: Pen and Sword Military Books. Kindle Edition, Amazon.

Romilly, Jacqueline de (1996), *Alcibíades o los peligros de la ambición*, Barcelona, Seix Barral.

Rodríguez Adrados, Francisco (1975), *La democracia ateniense*, Madrid, Alianza. [Quinta reimpresión, 1993; primera edic. 1966, Ediciones de la Revista de Occidente.]

Rosenberg, Arthur (2006), *Democracia y lucha de clases en la antigüedad*, Ed. El Viejo Topo. [Prólogo, traducc. y notas de Joaquín Miras Albarrán. Orig. *Demokratie und Klassenkampf im Altertum*, 1921.]

Sancho Rocher, Laura (2009), *¿Una democracia «perfecta»? Consenso, justicia y* demokratía *en el discurso político de Atenas (411-322 a. C.)*, Zaragoza, Institución Fernando el Católico (CSIC).

— (2016a), «Sociología de la *stásis*, I. El *dêmos* y los oligarcas en 411 a.C.», en *Athenaeum - Studi di Letteratura e Storia dell'Antichità (Università di Pavia)*, Vol. 104, I, 5-30.

— (2016b), «Sociología de la *stásis*, II. El soporte social de los Treinta y el del *dêmos* en 404/3», en *Athenaeum - Studi di Letteratura e Storia dell'Antichità (Università di Pavia)*, Vol. 104, II, 373-396.

Wood, E. M. (1988), *Peasant-Citizen and Slave. The Foundations of Athenian Democracy*, London - New York, Verso.

Obras generales

Lesky, Albin (1969), *Historia de la literatura griega*, Madrid, Gredos. [4ª reimpr., 1989.]

Mossé, Claude (1987), *Historia de una democracia: Atenas (desde sus orígenes hasta la conquista macedonia)*, Madrid, Akal. [Ed. du Seuil, 1971; trad. Juan M. Azpitarte Almagro.]

Osborne, Robin (2002), *La Grecia clásica*, (Col. Historia de Europa Oxford), Barcelona, Crítica. [Oxford University Press, 2000.]

Pomeroy, Sarah B.–Stanley M. Burnstein–Walter Donlan–Jeniffer Tolbert Roberts (2001), *La antigua Grecia. Historia política, social y cultural*, Barcelona, Crítica. [Trad. Teófilo de Lozoya. Orig. *Ancient Greece: A Political, Social, and Cultural History*, Oxford University Press, 2000.]

www.ingramcontent.com/pod-product-compliance
Lightning Source LLC
Chambersburg PA
CBHW031137090426
42738CB00008B/1128